対人援助と心のケアに活かす
心理学

ESSENTIALS OF PSYCHOLOGY
FOR HUMAN CARE SERVICES

編著・鈴木伸一
著・伊藤大輔
　　尾形明子
　　国里愛彦
　　小関俊祐
　　中村菜々子
　　松永美希

有斐閣ストゥディア

まえがき

「こころの時代」といわれて久しいですが，さまざまな対人援助において，こころのケアへのニーズや期待感が高まっていることは，大変喜ばしいことだと思います。しかし，「こころのケア」＝「優しさや愛情をもって接すること」と理解されているように思えることがあり，こころのケアの専門家として，「こころの時代」の危うさを感じていることも事実です。もちろん対人援助において，対象者に優しさや愛情をもって接することは重要ですが，それが「こころのケア」の本質ではありません。

「こころ」は人間のいとなみの中核をなす重要な構成要素ですが，残念ながらそれをつかさどる臓器や実体は存在しません。「こころは脳に宿る」ということも可能かもしれませんが，脳のどこを解剖しても神経細胞の束が存在しているだけです。

ある看護師さんが，患者さんの様子を見て，「つらそう」「寂しそう」「怖がっている」「落ち込んでいる」などと感じたとします。この看護師さんが日々の援助のなかでそう感じたことは事実かもしれませんが，それで患者さんの「こころ」を理解したといってしまっていいでしょうか。一方，別の看護師さんがその患者さんに，「つらいですか？」と聞いてみたところ，患者さんは「つらいです」と応えたとします。この場合はどうでしょうか。前者の例に比べれば丁寧な対応ということになりますが，看護師さんが連想する「つらい」という言葉のイメージと，この患者さんが実際に感じている「つらさ」は一致しているといえるでしょうか？ 残念ながら「こころ」には実体がないので，この問いに関する明確な結論は出せませんが，「こころのケア」にはこのような危うさがあるということはわかっていただきたいと思います。言い換えれば，「こころ」には実体がないので，なんとなく印象や直感で感じたままに実践しても「こころのケアのようなもの」はできてしまうのかもしれません。しかし，それは「こころのケア」の本質ではないということです。

それでは，対人援助の専門職として「こころのケア」に携わるためには何が必要でしょうか。それは，「こころのケア」を学ぶ前に，「こころのありよう」

を学ぶことです。心理学はその長い歴史のなかで，実体のない「こころ」をできるだけ客観的に捉え，さまざまな心理現象の生起や変化を理解するための理論を提唱してきました。また，「こころ」を構成するさまざまな心理現象について，その測定方法や理解の枠組みを定めることで，実体のない「こころ」を定量的に評価可能な構成概念（明確に定義づけられた特定の心理現象）として位置づけたのです。

　これらの理論的枠組みが整ってきたことで，はじめて「こころ」は多くの人が共通理解できるものとなったのです。したがって，対人援助の専門職として「こころのケア」を志すみなさんにも，このスタートラインに立ってもらいたいと思います。しかし，そういわれても「心理学の難しい理論は苦手……」と戸惑った人もいるかもしれません。安心してください。本書は心理学をはじめて学ぶ人にも親しみやすく，かつわかりやすいように，日常生活の身近な話題を例に挙げながら具体的に説明していきます。また，みなさんの理解が深まるように，事例 EPISODE／CASE や Column，QUESTION，確認問題 CHECK などのツールを活用して，楽しみながら学べるようになっています。

　一方，各章で取り上げられている心理学のキーワードや理論などは，対人援助に必要な「こころ」の理解とケアのエッセンスが網羅的に紹介されていますので，心理学の入門書としては大変充実した内容です。本書の執筆者は，全員，対人援助の実践を行いながら，大学教員として心理学を教えているメンバーです。執筆者各人が日々の臨床で見聞きしたこと，感じたこと，重要だと思っていることなどを随所に紹介しています。本書では心理学を勉強するだけでなく，「対人援助の現場はこんな様子なのか」という実践のイメージもつかんでいただけるのではないかと思います。

　対人援助職を志すみなさんにとって，この本が「こころのケア」とは何かを考えるきっかけになることを期待しています。

　　　2017 年早春

　　　　　　　　　　　　　　　　　　　　　　　　　　　　鈴木　伸一

目　次

CHAPTER 1　人間理解と対人援助の基礎としての心理学　　1

1　身近な生活のなかにあるさまざまな心理学 …………… 3
2　「こころの理解」という視点から
　　「いとなみの理解」という視点へ ………………………… 4
3　この本の活用の仕方 ……………………………………… 7

CHAPTER 2　心の源としての感覚・知覚・認知　　9
感覚・知覚・認知の心理学

1　感覚と知覚 ………………………………………………… 10
　　脳のなかで感覚はどう表現されるか（12）　感覚や知覚に
　　おける臨床的問題（13）
2　記　憶 ……………………………………………………… 14
　　感覚記憶と短期記憶（14）　ワーキングメモリと長期記憶
　　（15）　記憶に関連する病気や障害（16）
3　注　意 ……………………………………………………… 17
　　注意とは（17）　注意には限りがある？（18）　注意に関
　　連した病気や障害（19）　まとめ（20）

CHAPTER 3　心の表れとしての行動　　21
学習の心理学

1　学習と行動 ………………………………………………… 22
　　行動とは（22）　生得的な行動と習得的な行動の違い
　　（23）　刺激に馴れる（24）
2　古典的条件づけ …………………………………………… 25

iii

　　　　　刺激と刺激の関係を学ぶ（25）　　感情も条件づけられる
　　　　（26）　　刺激に曝してみる（28）

　3　オペラント条件づけ ………………………………………… 29
　　　　　行動の結果から学ぶ（29）　　随伴性に注目する（29）　　行
　　　　動の改善に活かす（31）

CHAPTER 4　心の動きとしての感情　35
　　　　　　　　　　　　　　　　　　　　　感情の心理学

　1　感情の基本的な理解 ………………………………… 36
　　　　　感情はつかむことが難しい？（36）　　感情はどのように分
　　　　類されるか（37）　　感情にはどのような役割が備わってい
　　　　るか（39）

　2　感情のメカニズム ……………………………………… 40
　　　　　感情はどこから生じるか（40）　　感情はどのようにして生
　　　　じるか（41）　　人間の社会生活では，感情は諸刃の剣にな
　　　　る（43）

　3　感情のマネジメント ……………………………………… 44
　　　　　なぜ感情を制御することが重要か（44）　　感情制御するた
　　　　めの方略とは（45）　　感情制御方略の実践例（46）

　　Column ❶　感情の定義と測定方法　38

CHAPTER 5　心の輪郭としてのパーソナリティ　49
　　　　　　　　　　　　　　　　　　　　　パーソナリティの心理学

　1　パーソナリティ理論 ……………………………………… 50
　　　　　パーソナリティとは（50）　　パーソナリティ研究の歴史
　　　　（51）　　パーソナリティはどのように発達するのか（54）

　2　感情や行動の規定要因としてのパーソナリティ ……… 57
　　　　　パーソナリティと感情，行動のつながり（57）　　適応的な
　　　　パーソナリティとは（59）

　　Column ❷　血液型とパーソナリティの関係　54

発達・成長する心　　61
発達の心理学

1. 「発達」から見えてくる，人の得意なこと，苦手なこと …… 62
   知的な発達（62）　言語の発達（65）　行動の発達（66）　対人関係の発達（67）

2. 発達をふまえた成長促進のための支援 ……………… 69
   子どものライフステージと多領域からの支援（69）　子ども支援における支援者側の留意点（71）

3. 発達のかたよりがある人への理解と支援 ……………… 72
   知的発達の理解（72）　知的障害の理解と支援（73）　知的な遅れの認められない発達障害の理解と支援（74）

Column ❸　ハーローのアカゲザル　　68

活動の原動力としての心　　77
モチベーションの心理学

1. 活動の原動力 ……………………………………… 78
   趣味と課題の違いについて（79）　行動が生まれる仕組み（80）

2. 上手なやる気の高め方 …………………………… 81
   環境へアプローチする（81）　目標をうまく調整する（82）

3. 対人援助者のモチベーションを高める工夫 ………… 83
   感情や行動をうまくコントロールする（83）　結果ではなく行動を評価する（84）　よい人間関係を築く（85）

Column ❹　ピグマリオン効果　　83

他者と交わる心
対人コミュニケーションの心理学　87

1 相手とよい関係を始めるためには ……………… 88
コミュニケーションとは（88）　社会的スキルとは（90）　自分のことを伝える——自己開示とは（93）

2 苦手な場面でのコミュニケーションのコツ ………… 95
適切な自己主張（95）　SOS の上手な出し方（97）

3 対人援助場面におけるコミュニケーション ………… 98
コミュニケーションのための心構え（98）　組織や集団におけるコミュニケーション（99）

Column ❺　転移と逆転移　99

社会のなかの心
社会，組織，集団の心理学　101

1 集団のなかの個 …………………………………… 102
さまざまな人の集まり（102）　所属したいと思う集団（104）

2 集団の力・相互作用 ……………………………… 104
集団につい合わせてしまうのはなぜ？（104）　集団からの圧力に反発するとき（105）　ソーシャル・サポート（107）　リーダーのありよう（108）

3 集団レベルでの介入 ……………………………… 109
仲間同士で助け合う（109）　社会を豊かにしてメンバーを健康にする（110）

Column ❻　ジャムの法則　106

CHAPTER 10　心の健康　113
ストレスと健康の心理学

1　ストレスの捉え方 …………………………… 114
ストレスは心理学用語ではなかった!?（114）　ストレスは悪者!?（115）　ストレスの原因だけでなく，そのプロセスに着目する（117）

2　対人援助におけるストレスの扱い方 ………… 119
すべては捉え方次第？（119）　いつも効果的なストレスの対処行動はない!?（121）　対人援助にストレス理解を活かす視点（122）

3　ストレスマネジメントの実践 ………………… 123
ストレスへの対処から予防へ（123）　ストレスマネジメントの実践的展開（124）

CHAPTER 11　臨床における心の捉え方　129

1　心理アセスメント ……………………………… 130
心理アセスメントとは（130）　心理アセスメントの方法（131）

2　行動論的アセスメント ………………………… 132
「こころ」の問題を行動から読み取る（132）　行動論的アセスメントの方法（133）　機能分析とは（136）

3　精神疾患に関する知識 ………………………… 137
精神疾患の診断分類（137）　精神疾患の種類（138）

Column ❼　精神疾患の診断分類の歴史　138

CHAPTER 12 悩み回復する心 ... 145
心の不調とカウンセリングの心理学

1 心の不調の現れ方 ……………………………………… 147
　心の不調の背景要因（147）

2 カウンセリングの基本 ………………………………… 149
　カウンセリングの流れ（149）　カウンセリングの理論（150）

3 対人援助におけるカウンセリングの活用 …………… 153
　個人カウンセリング（153）　グループ・カウンセリング（153）　ヘルス・プロモーション（154）　まとめ（155）

CHAPTER 13 衰え・老いと心 ... 157
高齢者の理解と心理学

1 加齢および発達 ………………………………………… 158
　加齢による身体の変化（159）　長生きになった日本人（159）　知能の生涯変化（160）

2 高齢期の生活 …………………………………………… 161
　高齢期の生活環境（161）　高齢期のライフイベント（162）　高齢者は不幸なのか（162）

3 高齢者の心理的な援助 ………………………………… 164
　認知症（164）　認知症のケア（166）　高齢者を対象にした予防的援助（168）

CHAPTER 14 病気・死に向き合う心 ... 171
緩和とリハビリテーションの医療心理学

1 患者の心理 ……………………………………………… 172
　人は病気や死をどう理解するのか（172）　病気や障害を抱えたときの心の変化（174）　緩和ケアと全人的苦痛（175）

2 患者を支援するために ………………………………… 177
　医療現場におけるコミュニケーション（177）　患者や家族に対する心理的支援の方法（179）　チームアプローチの形（179）

3 遺族の心理 ……………………………………………… 182
　悲嘆反応（182）　遺族のケア（183）

Column ❽　悪い知らせの伝え方──SHARE　178

CHAPTER 15　援助する心　185
対人援助職の資質と心構え

1 特定の対象者への強い思い入れは「諸刃の剣」……… 186
2 「こころのケア」に携わる者に必要なコンピテンス … 188
3 専門職である前に，大切にしたいこと ……………… 190
　まとめ　（192）

引用・参考文献　193
事項索引　197
人名索引　204

著者紹介

●編著者

鈴木 伸一（すずき しんいち） 担当：**1, 12, 15** 章

現　職　早稲田大学人間科学学術院教授

主　著

『からだの病気のこころのケア――チーム医療に活かす心理職の専門性』（編著）北大路書房，2016 年。

『レベルアップしたい実践家のための事例で学ぶ認知行動療法テクニックガイド』（共著）北大路書房，2013 年。

『医療心理学の新展開――チーム医療に活かす心理学の最前線』（編著）北大路書房，2008 年。

『実践家のための認知行動療法テクニックガイド――行動変容と認知変容のためのキーポイント』（共著）北大路書房，2005 年。

●著者（五十音順）

伊藤 大輔（いとう だいすけ） 担当：**4, 10** 章

現　職　兵庫教育大学大学院学校教育研究科准教授

主　著

『なるほど！心理学面接法』（分担執筆）北大路書房，2018 年。

『公認心理師養成のための保健・医療系実習ガイドブック』（分担執筆）北大路書房，2018 年。

『トラウマ体験者の外傷後ストレス症状に関する認知行動モデル』風間書房，2013 年。

尾形 明子（おがた あきこ） 担当：**5, 14** 章

現　職　広島大学大学院人間社会科学研究科准教授

主　著

『からだの病気のこころのケア――チーム医療に活かす心理職の専門性』（分担執筆）北大路書房，2016 年。

『臨床児童心理学――実証に基づく子ども支援のあり方』（分担執筆）ミネルヴァ書房，2015 年。

『学校でできる認知行動療法――子どもの抑うつ予防プログラム（小学校編）』（共著）日本評論社，2013 年。

国里 愛彦（くにさと よしひこ）　　　　　　　　　　　　　　担当：**2, 3**章
　現　職　専修大学人間科学部心理学科教授
　主　著
　　『計算論的精神医学――情報処理過程から読み解く精神障害』（共著）勁草書房，2019年。
　　『図説 現代心理学入門』（4訂版）（分担執筆）培風館，2016年。
　　『行動医学テキスト』（分担執筆）中外医学社，2015年。

小関 俊祐（こせき しゅんすけ）　　　　　　　　　　　　　　担当：**6, 7**章
　現　職　桜美林大学心理・教育学系准教授
　主　著
　　『認知行動療法を生かした発達障害児・者への支援――就学前から就学時，就労まで』（共編著）ジアース教育新社，2016年。
　　『発達と学習の心理学』（分担執筆）田研出版，2013年。
　　『小学生に対する抑うつ低減プログラムの開発』風間書房，2010年。

中村 菜々子（なかむら ななこ）　　　　　　　　　　　　　　担当：**9, 13**章
　現　職　中央大学文学部心理学専攻教授
　主　著
　　『その心理臨床，大丈夫？――心理臨床実践のポイント』（編者）日本評論社，2018年。
　　「ストレス・マネジメント行動の阻害要因――ストレスの過小評価に着目して」（共著）『行動医学研究』21(2), 69-75, 2015年。
　　「内科診療所での糖尿病腎症患者に対する行動医学チーム医療に臨床心理士を加える試み」（共著）『行動医学研究』21(1), 31-38, 2015年。

松永 美希（まつなが みき）　　　　　　　　　　　　　　　　担当：**8, 11**章
　現　職　立教大学現代心理学部心理学科教授
　主　著
　　『公認心理師必携 精神医療・臨床心理の知識と技法』（分担執筆）医学書院，2016年。
　　「新任教師のリアリティ・ショック」（共著）『産業ストレス研究』21(3), 237-242, 2014年。
　　『60のケースから学ぶ認知行動療法』（分担執筆）北大路書房，2012年。

┌───┐
│ ― インフォメーション ―
│
│ ●**各章のツール**　各章には，INTRODUCTION，この章のねらい，KEYWORDS，QUESTION，CHECK が収録されており，適宜 EPISODE，CASE，Column が挿入されています。
│
│ ＊章の冒頭では，学びのスイッチを入れる INTRODUCTION を設け，親しみやすい話題を取り上げるとともに，「この章のねらい」を箇条書きで簡潔に示しています。
│
│ ＊本文中の重要な語句および基本的な用語を，本文中では太字（ゴシック体）にし，章の冒頭には KEYWORDS 一覧にしてまとめて示しています。
│
│ ＊本文中では，読者に問いかけ，思考を促す QUESTION や，具体的に現実場面をイメージさせるための EPISODE（日常場面事例），CASE（臨床事例）を適宜設けています。
│
│ ＊また，体験・体感し，考えながら学べるツールとして，「考えてみよう」「やってみよう」と読者へ投げかける WORK を適宜設けています。
│
│ ＊章末には，各章の要点の理解確認問題 CHECK が用意されています（CHECK のこたえはウェブサポートページをご覧ください）。
│
│ ＊本文の内容に関連したテーマについて，読み切り形式で Column として適宜解説しています。
│
│ ●**索　引**　巻末に，索引を精選して用意しました。より効果的な学習に役立ててください。
│
│ ●**ウェブサポートページ**　本書を利用した学習をサポートする資料を提供していきます（「CHECK のこたえ」など，をここで見ることができます）。
│ 　http://www.yuhikaku.co.jp/static/studia_ws/index.html
└───┘

　　　　　　　　　　　　　　　　　　　　　　　　イラスト　オカダケイコ

> 本書のコピー，スキャン，デジタル化等の無断複製は著作権法上での例外を除き禁じられています。本書を代行業者等の第三者に依頼してスキャンやデジタル化することは，たとえ個人や家庭内での利用でも著作権法違反です。

CHAPTER

第 1 章

人間理解と対人援助の基礎としての心理学

INTRODUCTION

今年の春，大学に入学したヨウコさん。今日から楽しみにしていた心理学の講義が始まります。心理学に興味をもったのは，高校2年生のときに受けた「キャリア教育」という授業でした。そのときの光景をふと思い出しました。

〈授業の様子〉

先生：それでは，今日はみなさんがまとめてきてくれた自分の将来展望について発表してもらいます。どんな職業に就きたいかだけでなく，その理由もしっかり話してくださいね。それじゃ，マサコさんから。

マサコ：私は看護師志望です。病気で苦しむ患者さんの不安を少しでも和らげてあげたいと思っています。

アキオ：僕は，教師志望です。同級生には数学が苦手という人が多いですが，僕は数学が大好きです。だから，生徒たちに数学の楽しさを教えてあげられるような数学の先生になりたいです。

ケイコ：私は介護関係の仕事に就きたいです。私のおばあちゃんは，2年前に亡くなりましたが，最後は施設に入って，すごく寂しそうでした。高齢者の方が，いつまでも家族と一緒に安心して過ごせるような介護がしたいです。

ヨウコ：私は保育士志望です。子どもが好きなのもありますが，姉の子どもを見ていると，会うたびに成長していて，言葉が増えたり，遊び方が変わったり，子どもの発達を見守る仕事って素敵だなと思いました。

タロウ：僕はエンジニアになりたいです。人工知能の話を親戚のおじさんから聞いて，興奮しました。映画の世界だけだと思っていましたが，ロボットが，人間の気持ちを理解したり，会話をすることが可能になっているなんて。自分もそんな研究がしたいと思いました。

ハナエ：私は，カウンセラーになりたいです。中学生のとき，友人が不登校になってしまいました。でもスクールカウンセラーの先生に励まされながら，学校に来られるようになった様子を見ていて，私も悩んでいる人の助けになるような仕事がしたいと思いました。

マサル：僕は，……

ケンイチ：僕は，……

　　ヨウコは，クラスメイトの話を聞いていて，みんないろいろ考えているんだな〜と思いました。看護師，保育士，カウンセラー，エンジニアなど，みんなの志望する仕事をイメージしているうちに，ヨウコはふと気づきました。仕事の種類は違うけど，みんな「人」に興味があるのだ。そして，人間の「こころ」を豊かにする仕事をするという点では共通しているのだと思いました。そんなことを考えているうちに，ヨウコは，「こころ」とはなんだろうということが気になりだしました。

　　「こころ」って「気持ち」のこと？
　　「こころ」ってどこにあるの？
　　「こころ」のことを考えているのは「こころ」？

　　考えれば考えるほど，よくわからなくなりました。でも，1つだけわかったことは，自分やクラスのみんなにとって，人の「こころ」を理解す

ることは，人に携わる仕事を志す人にとって，とても大切なことなのだということでした。

この章のねらい

① 人間のいとなみのなかにある心理学のエッセンスについて理解する
② さまざまな心理学の領域を知る
③ 本書の特徴と活用方法を理解する

KEYWORDS

心理学　　いとなみ　　本書の活用の仕方

1　身近な生活のなかにあるさまざまな心理学

> **QUESTION**
> みなさんは，「心理学」という文字からどのようなイメージが浮かぶでしょうか。

「こころのケア」「カウンセリング」などのイメージが浮かぶ人が多いかもしれません。確かに「こころのケア」「カウンセリング」は臨床心理学という心理学の一領域ではありますが，心理学の全体像とはいえません。ヨウコさんのエピソードにあるように，「こころ」が関連しそうな事柄は私たちの生活のさまざまなエピソードのなかに存在しています。改めて「こころ」とは何かを考え出すと，ヨウコさんのように，考えるほどその実体がわからなくなっていくのかもしれません。それでは，ここでクイズを出します。

> **WORK①**
> 以下に列挙されている人間のいとなみで，心理学的現象として位置づけられるものはどれでしょうか。
> 　①物の形や色の認識やその記憶
> 　②赤ちゃんが，「ことば」を覚えていくこと
> 　③幼児が，着替えやトイレなどの習慣を身につけていくこと

④友達と会話中に気まずい雰囲気になると，ついスマートフォンをいじってしまう
　⑤お母さんに「勉強しなさい」と言われると，かえってやりたくなくなる
　⑥テストで緊張すると，お腹が痛くなる
　⑦スーパーの駐車場で，車が急にバックして，スーパーの壁に激突した
　⑧ファストフードのポイントを集めてトートバックをもらった
　⑨その日の気分によって，選ぶ服の色が違う
　⑩期末試験のために一夜漬けで覚えた英単語は，いつの間にか忘れてしまうのに，一度乗れるようになった自転車は，数年乗らなくても，いつでも乗れる

　さあ，どれが正解でしょうか。
　なんと，10問すべてが正解です。「こころ」というと，私たちは「気持ち・感情」と結びつけて考えがちですが，「こころ」は私たちの生活全般，すなわち人間としてのいとなみすべてに関わる基礎的なプロセスといってもよいものなのです。したがって，上記の例になるように，感覚，知覚，認識，記憶，学習，行動選択，感情や好み，動機づけ，社会性，自己認識など，生活を支えるあらゆる現象の基盤として「こころ」が作用しており，その仕組みを理解するための学問が**心理学**というものなのです。

　「こころの理解」という視点から　　　「いとなみの理解」という視点へ

> **QUESTION**
> 対人援助職として，お世話する人の「こころ」を理解するとは，どのようなことなのでしょうか。その人の不安や悲しみ，つらさや苦しみに寄り添うことでしょうか。

　まずは，以下の例を見ながら考えてみましょう。

CASE ①　タロウ君は幼稚園の年長さんです。ここ最近，登園時間になると「お腹が痛い」「行きたくない」とぐずるようになりました。お母さんは，タロウ君をなだめたり，励ましたりして，なんとか送り出しているのですが，日に日に登園しぶりは，ひどくなっているようです。幼稚園に行ってしまえば楽しく過ごせているようで，担任の先生も特段心配な様子はないと言っています。お母さんは，タロウ君の様子を見

> て，この春に弟が生まれたことで，甘えられなくなったことが寂しいのかな？　とも思っていますが，このまま登園しぶりがひどくなってしまうのではないかという心配もあり，どのような対応をしたらいいか困っています。

　さて，タロウ君はなぜ幼稚園に行きたがらないのでしょうか。お母さんに甘えたい気持ち，お母さんを弟に取られてしまった寂しさもあるのかもしれません。この気持ちに寄り添って，お母さんがたくさんの愛情を注いであげることが大切かもしれません。しかし，ここで考えなければならないことは，お母さんが，タロウ君にやさしくしてあげればすべて解決するのだろうか，ということです。弟君の世話はどうしましょう。幼稚園を休んでいるうちに，かえって行きにくくなったりはしないでしょうか。幼稚園のお友だちとの間に気がかりなことは本当にないのでしょうか。タロウ君の生活をとりまくさまざまなことも考慮しないと，この問題はこじれそうですね。

　このように，「こころの理解」とは，援助者が気になる，あるいは，当事者が訴える特定の感情を理解するということではありません。それを手がかりとして，その人の生活やいとなみ，環境や人間関係，さらには，これまでの成長や発達，あるいは経験の積み重ねという時間的経過による変化の全体像を理解することなのです。

　したがって，対人援助職を志すみなさんは，「こころ」のケアを学ぶ前に，まずは，人の生活場面における，さまざまな「いとなみ」とその背景にある心のメカニズムについての体系的な学問である「心理学」について学んでもらいたいと思います。

　心理学は，「人間や動物の精神あるいは行動を研究し，その法則を明らかにし，その知識に基づいて生活の向上を図ろうとする学問」と定義されています（辰野ほか，1986）が，そもそも心理学という学問は，いつ頃から始まったのでしょうか。

　人間の精神活動に対する興味は，古代ギリシャ時代の頃からあったようです。アリストテレスなどの古代の哲学者たちは「こころ」を人間の諸能力の根源として位置づけていました。その後，人間の経験やそこで体験される意識，さらには意識の基礎をなす感覚や知覚，弁別能力，あるいは多様な感情の分化など

CHART 表1.1　アメリカ心理学会における下部組織

- 一般心理学
- 教授心理学
- 実験心理学・認知科学
- 量的・質的方法論
- 行動的神経科学・比較心理学
- 発達心理学
- パーソナリティー心理学・社会心理学
- 社会的問題に関する心理学研究
- 美術，芸術，想像力に関する心理学
- 臨床心理学
- コンサルティング心理学
- 産業・組織心理学
- 教育心理学
- 学校心理学
- カウンセリング心理学
- 公共サービスにおける心理師
- 軍事心理学
- 生涯発達と加齢
- 応用実験および科学技術に関する心理学
- リハビリテーション心理学
- 消費者心理学
- 理論的・哲学的心理学
- 行動分析学
- 心理学史
- コミュニティー心理学
- 精神薬理学・薬物依存
- 心理療法の進歩
- 心理学的催眠
- 各地域における心理関連団体
- 人間性心理学
- 神経発達障害・自閉スペクトラム障害
- 環境や住民の保護に関する心理学
- 女性心理学
- 信仰や精神性に関する心理学
- 子どもと家族に関する制度と実践
- 健康心理学
- 精神分析学
- 臨床神経心理学
- アメリカの心理学と法律
- 独立開業心理師
- カップル・家族心理学
- セクシャルマイノリティーの問題に関する心理学研究
- 文化，民族，人種に関する心理学的研究
- メディア心理学とその技術
- 運動・スポーツ心理学
- 平和に関する心理学
- 集団心理学
- 嗜癖心理学
- 男性および男性らしさに関する心理学
- 国際心理学
- 児童・思春期に関する臨床心理学
- 小児心理学
- 薬物療法の進歩
- トラウマ心理学

が探求されるようになっていきました。そのような「こころ」への探求の歴史において，現代心理学の父といわれているのは，ドイツの学者であるヴント（Wundt, W. M.）です。彼は，1879年にライプチッヒ大学に心理学実験室を創設し，実験心理学の方法論の基礎をつくりました。そしてヴントの下には世界中からたくさんの研究者が勉強に訪れ，その人びとが自国に帰って心理学を広め，世界中で心理学の研究が広がっていったのです。そして心理学はゲシュタルト心理学，行動主義心理学，精神分析学，認知心理学などへと分化していき，さらにそれらが発展，淘汰，統合を繰り返し，現代心理学が体系化されていったのです。

表1.1は，アメリカ心理学会（APA：American Psychological Association）の下部組織として登録されている心理学の専門領域を示したものです。この表を見てもわかるように，現在では，心理学は脳科学，神経内分泌学，免疫学などの生命科学の諸領域や，医学，教育学，福祉学などの実践諸領域，社会学，経済学，法律学などの社会科学の諸領域，さらには生産工学，情報工学，建築学など工学系の諸領域との共同研究が盛んに進められるようになり，生物－心理－社会の相互関係を探求する人

間科学の主要な学問として位置づけられるようになりました。

3 この本の活用の仕方

　第1節でも紹介したように，心理学が扱う領域は幅広く，本書では「人間理解や対人援助」に活かせる心理学の知見を豊富に紹介していきます。以下，**本書の活用の仕方**について説明しましょう。

　本書では，まず，第2章から第4章にかけて，「こころ」の基盤となる感覚，知覚，認知，行動，感情に関する心理学について学んでいきます。さらに第5章から第7章では，人間のいとなみの基本要素となる，パーソナリティ，成長・発達，モチベーションに関する心理学について解説していきます。これらの章では，私たちの人間としての基本的な仕組みとして心理学のさまざまなメカニズムが介在しているのだということを知ってもらえればと思います。この心理学のメカニズムは，医学や科学技術，商品開発や情報通信システムなどに応用されています。

　そして，第8章から第10章にかけては，日常生活に見られるさまざまな「こころ」の様相として，コミュニケーション，社会や組織での心理学，ストレスなどの心理学について理解を深めていきます。これらの章では，私たちの日常生活の身近なエピソードのなかにある，さまざまな心理学の現象を理解し，豊かな人間生活を送っていく上で心理学がとても役に立つのだという実感をもってもらえればいいと思います。

　そして，終盤の第11章から第14章では，対人援助における実践的な心理学として，心理アセスメント，カウンセリング，病気や加齢，死と向き合う心へのアプローチについて解説していきます。これらの章では，対人援助職を志すみなさんにとっては大変重要な章です。人間のいとなみのなかで出会うさまざまな苦難を理解し，支援していくとはどういうことなのかについて考えるきっかけや手がかりにしてもらえればと思います。まずは，対人援助のための基本的なエッセンスをしっかりと学び，必要に応じてより専門的な書籍へと学びを進めていくとよいでしょう。

以上のように，いずれの章も対人援助職を志すみなさんに知ってもらいたいミニマムエッセンシャルを簡潔にまとめています。まずは，本書を通して心理学の全体像を理解するとともに，これからの専門的な学びに向けて重要なキーワードを知るための手がかりにしてもらいたいと思います。

さらに学びたい人のために　　　　　　　　　　　　　　　　　　　　　**Bookguide**

　田島信元編『心理学キーワード』有斐閣，1989年
　坂野雄二編『臨床心理学キーワード』（補訂版）有斐閣，2005年

CHAPTER

第**2**章

心の源としての感覚・知覚・認知

感覚・知覚・認知の心理学

INTRODUCTION

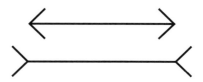

　この上と下の図の直線部分の長さを見たとき，下の図のほうが長いように見えるのではないでしょうか。しかし，2つの直線の長さは同じ長さになります。「本当かなあ」と思った人は，ぜひとも定規などを使って確認してみてください。私たちは，自分が目にしたものは正しいと思っていますが，実際のところ私たちは現実をそのままに感じ取っているとは限りません。

この章のねらい

① 私たちが外の環境からどのように情報を取り入れているのか学ぶ
② その取り入れた情報をどのように記憶したり，取捨選択しているのか学ぶ
③ 人間の感覚・知覚・認知の特徴を理解することで，対人援助上の問題についても理解を深める

KEYWORDS

感覚　知覚　錯視　ベキ法則　脳損傷　幻肢　認知　感覚記憶
短期記憶　ワーキングメモリ　長期記憶　エピソード記憶
意味記憶　手続き記憶　展望記憶　持続的注意　分割的注意
選択的注意　注意の容量　半側空間無視

1 感覚と知覚

> **QUESTION**
> 私たちは，日々何かを感じたり，知覚したりしていますが，それは正確に現実を反映しているでしょうか。

　私たちは，日々の生活のなかで，常に何かを感じたり，知ったりしています。このような，私たちの心が外界について感じたり知ったりする働きのことを，**感覚**あるいは**知覚**と呼びます。私たちが外界の刺激を受け取ったときに，刺激と対応関係があるような比較的単純な体験を感覚と呼び，比較的複雑な体験を知覚と呼びます。しかし両者を厳密に分けることは難しいので，ここでは，感覚・知覚とまとめて書きます。

　日々の生活のなかで，私たちが経験する感覚には現実感があり，その感覚が間違っていると疑うことはあまりないのではないかと思います。

　多くの場合，そのような私たちの直感は間違ってはいませんが，INTRODUCTION の図のように，私たちはいつも客観的に物理的な世界をそのまま認識できているわけではありません。この図では，直線の長さは同じであっても，矢羽の向きによって，長さが違って見えてしまいました。このように物理的な世界と私たちが感じる世界では，少しずれが存在します。

　今度は，**図 2.1** のチェッカー・シャドー錯視を見てください。A と B のタイルの色は，物理的には同じ色なのですが，B のタイルのほうが A のタイルよりも明るく見えるかと思います。そんなはずはないと感じた人は，手元の紙

CHART 図2.1 チェッカー・シャドー錯視

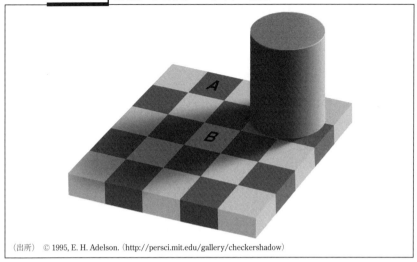

（出所）© 1995, E. H. Adelson. (http://persci.mit.edu/gallery/checkershadow)

に小さな穴をあけて，その穴からBのタイルを見て，Aのタイルとくらべてみてください。おそらく，AとBのタイルの色の見え方は同じになるかと思います。これらの図のように，同じ長さであるとか同じ色であると教えられても見える視覚の錯覚を，**錯視**と呼びます。

錯視が見える理由がすべて解明されているわけではありませんが，私たちが目に入った刺激をそのまま知覚しているわけではなく，脳のなかで複雑な処理をしていることが関係しています。例えば，図2.1の場合，影になっている部分は暗く見えるという私たちの脳による補正によって，円柱の影になっているBのタイルが，影になっていないAのタイルよりも明るく見えると考えられています。

また，私たちの身の回りの物理的な条件は常に変化していますが，その変化に対する感覚も物理的な変化と完全には一致していないことがわかっています。例えば，私たちが光

CHART 図2.2 スティーヴンスのベキ法則

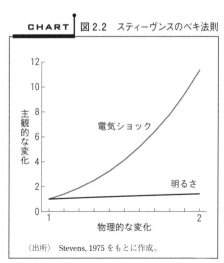

（出所）Stevens, 1975 をもとに作成。

1 感覚と知覚

に対して感じるまぶしさは，光の強さの変化に対応して直線的に変化するわけではありません。

　スティーヴンス（Stevens, S. S.）は，私たちの感覚が物理的な刺激に対してベキ法則に従っていることを明らかにしました。私たちの感覚がベキ法則に従うというのは，感覚が k × 物理的刺激の β 乗になるということです（β は刺激の種類によって決まる指数，k は比例定数）。例えば，私たちは，物理的な刺激が2倍に変化した場合に，電気ショックは11倍に変化したと感じるのに対して，明るさは1.4倍しか変化していないと感じます（図2.2：電気ショックの場合の β は3.5，明るさの場合の β は0.5；Stevens, 1975）。

　このように，私たちの感覚の変化は物理的な刺激の変化に完全に一致するわけではなく，その刺激の種類によって，その不一致にも違いが生じます。対人援助場面における被援助者の痛み・訴えについても，その物理的な変化のみではなく，本人の主観的な痛みの評価が重要になります。

脳のなかで感覚はどう表現されるか

　図2.3を見せられて，「あなたの自画像です」と言われたら，「私はこんなに手や口が大きくない」と怒ってしまうかもしれません。実際のところ，図2.3のように，腕が細く，手と口が大きな人はあまり見たことがないかと思います。

CHART　図2.3　ペンフィールドのホムンクルス

しかし，私たちの身体の各部位の感覚が大脳皮質の体性感覚野の表面積をどのくらい占めているのかマッピングしていくと図2.3のような割合になります。

　図2.3は，ペンフィールド（Penfield, W. G.）らの研究結果をもとに作成したものになり，ペンフィールドのホムンクルス（小人）と呼ばれます（Penfield & Boldfrey, 1937）。ペンフィールドのホムンクルスは，私たちの身体イ

メージとは異なるものであり，直感的には理解しにくいかと思われます。ペンフィールドのホムンクルスを体験的に理解するために，WORK② を参考に自分で試してみてください。

WORK②

感覚の脳内マップを体験してみよう！

2名1組になって，鉛筆，ペン，あるいは長い爪楊枝などのような尖った棒を2本用意してください。これから，一方の人がこの2本の棒を使って，もう一方の人の手や腕を刺激します。

まずは，手のひらから始めましょう。刺激を与える側の人は，2つの棒を使って，相手の手のひらを刺激します。最初は2つの棒の間の間隔を5センチほどあけておきます。2つの棒の間隔をあけた状態で2点を同時に刺激し，その後，片方の棒だけを使って1点を刺激することを交互に行います。刺激を受ける人は，棒を見ずに，1点の刺激を受けているのか，2点の刺激を受けているのか判断してください。おそらく，5センチほどあけて2点を同時刺激すれば，2点に刺激を受けたと感じるでしょう。それから，刺激する側の人は徐々に2本の棒の間隔をせばめながら刺激してください。

最終的に，2点で刺激していても1点で刺激を受けているように感じる棒の間隔を探してください。その間隔がわかったら，次は指の腹でやってみたり，腕を刺激してみたり，相手が嫌がらないなら背中も刺激してみましょう。おそらく，図2.3のホムンクルスで描かれているように，指の腹や手のひらは，腕や背中よりも，敏感に2点の刺激を感じることができるのではないでしょうか。

感覚や知覚における臨床的問題

感覚や知覚は，脳の機能と密接に関係するため，交通事故や脳梗塞によって**脳に損傷**が生じたときに感覚や知覚に障害が生じることがあります。視覚に関係した伝導路上や視覚皮質に異常が生じた場合は，目が見えなくなったり，色の感覚に障害が出たりします。また，聴覚に関係した伝導路上に異常が生じた場合は，難聴などの障害が出たりします。特定の感覚を受け取る脳部位，受け取った情報を伝える脳部位，そして処理を行う脳部位の損傷によって，感覚や知覚に問題が生じます。また，事故や病気によって四肢を切断した場合に，失われたはずの手足が存在しているように感じられたり，そこに痛みを感じることもあります。このような現象を**幻肢**と呼びます。幻肢は，私たちの感覚が物理的刺激を単純に受け取るだけではないことを示す例の1つといえます。

2 記　憶

感覚記憶と短期記憶

　私たちは，外からの刺激を感覚・知覚するだけではなく，その刺激に注意を向けたり，覚えたり，それらをもとに判断を下したりします。このような，感覚・知覚より高次の外から得た刺激から知識を獲得する過程を**認知**と呼びます。私たちの認知を構成するものの1つとして，記憶があります。私たちの記憶の種類を考える場合に，時間的な観点から，感覚記憶，短期記憶，長期記憶の3種類に大きく分けることができます（図2.4）。

　感覚記憶とは，入力された情報をそのままの形で数秒間保持する記憶です。例えば，知らない外国語の単語を聞いても，感覚記憶を頼りにその単語を繰り返して言うことができます。聴覚情報の場合は約5秒以内，視覚情報の場合は1秒以内の間保持されます。感覚記憶のなかで，注意を向けられた情報は**短期記憶**として一時的に保持されます。短期記憶には，約15秒から30秒ほど保持されます。短期記憶に保持された情報はそのままだと忘却されますが，繰り返し何度も唱えるなどすると，長期的に保持される長期記憶になります。一度，情報が短期記憶から長期記憶に移動したら，その情報は永続的な知識として保存されます。短期記憶には容量に制限がありますが，長期記憶は容量に制限がないとされます。

CHART　図2.4　記憶の種類

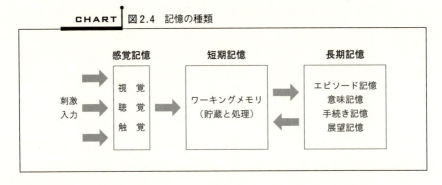

> **WORK③**
>
> **短期記憶の容量を調べてみよう！**
> 　2名1組になってください。それぞれ，相手にわからないように，「5726」，「85219」……「5178463419」のようなランダムな数字を，4桁から1桁ずつ増やして10桁まで準備してください。用意ができたら，検査する人が，その準備した数字を相手に見えないようにして，読み上げます。検査する人が読み上げたら，検査を受ける人は，読み上げられた数字を繰り返して言ってください。4桁からスタートして，何桁まで正確に覚えて復唱できるか確認をしてみましょう。片方の人が何桁まで覚えていられるか確認できたら，もう一方の人も何桁まで覚えていられるか調べましょう。調べてみた結果はどうだったでしょうか。もちろん個人差はありますが，大体7桁前後になったのではないでしょうか。短期記憶の容量は，だいたい7±2とされています。これは，数字の桁数だけでなく，意味のあるかたまりでも同様になります。

ワーキングメモリと長期記憶

　短期記憶は，単に情報を一時的に保持するだけではなく，保持した情報を使ってなんらかの作業を行う場としての機能もあります。例えば，買い物をしていて，暗算をすることがあると思います。その際には，それぞれの商品の金額を一時的に記憶しつつ，計算します。このように，単なる一時的な情報の保持だけではなく，情報を保持しつつ心理的な作業を行う機能を**ワーキングメモリ**と呼びます。

　長期記憶は，その保持する情報などによって，エピソード記憶，意味記憶，手続き記憶，展望記憶に分けることができます。

　エピソード記憶とは，私たちが経験したエピソードに関する記憶です。経験した内容とともに，「いつ」や「どこ」などの文脈情報も保持されます。例えば，先週の土曜日に友達と行列のできる人気店に昼ご飯を食べに行き，安くて大変美味しかったという思い出の記憶はエピソード記憶です。

　意味記憶とは，文脈情報がなくなり，知識となった記憶のことです。例えば，徳川幕府を開いた人物は誰かという問いに対して，「徳川家康」と答えたときの「徳川家康」が意味記憶です。

　手続き記憶とは，物事の手順や運動のスキルに関する記憶のことです。例えば，自転車に乗るときの，身体の動かし方に関するスキルは手続き記憶です。

最後に，私たちは，過去に経験したことだけでなく，将来行うことについても記憶していることがあります。このような，未来の行動に対する記憶を**展望記憶**と呼びます。例えば，「明日，ポストに手紙を投函しよう」と思って，翌日ポストに手紙を投函するためには，展望記憶が必要です。

記憶に関連する病気や障害

感覚や知覚と同じように，私たちの記憶は脳によって実現されていることから，脳の損傷によって記憶に障害が生じることがあります。脳に損傷を負った患者さんを対象に研究が行われて，脳の損傷部位と障害される記憶との関連が検討されてきています。

記憶の障害で必要な情報を思い出せないことを健忘症と呼びます。健忘症は，思い出せない記憶の時間的な方向性によって，順向性健忘と逆向性健忘の2つに分類することができます。順向性健忘とは，ある出来事（例えば事故や手術など）以降の記憶に障害が生じることです。CASE②のHM氏は，重度の順向性健忘といえます。一方，逆向性健忘とは，ある出来事以前の記憶に障害が生じることです。

また，健忘症は損傷した脳部位によって特徴が異なってきます。損傷した脳部位などをもとにした代表的な例としては，側頭葉性健忘，コルサコフ症候群，視床性健忘，一過性全健忘などがあります。健忘症の主な原因と主な特徴については**表2.1**に示します（詳細は，宮森，2006を参照）。

CHART 表2.1 健忘症の主な原因と特徴

	主 な 原 因	主 な 特 徴
側頭葉性健忘	ウィルス性疾患，脳血管障害などによる側頭葉内側面の損傷	主に健忘が中心的な障害
コルサコフ症候群	アルコール多飲などによる乳頭体・視床内側核の損傷	健忘に加えて，自分や自分がおかれている状況の認識に問題が生じる見当識障害，記憶障害に伴う作話など
視床性健忘	脳梗塞などによる視床の損傷	健忘に加えて，損傷部位によっては，自発性低下など
一過性全健忘	特定の脳部位の損傷はなく，明確な原因は不明	一過性かつ突然に生じる順向性健忘と，ある期間の逆向性健忘（時間の経過によって回復する）

CASE ②

カナダ人男性の HM 氏は,てんかんに長らく悩まされてきました(詳細は,河内,2013 を参照)。彼は,27 歳の時に,てんかん治療のために,両側の側頭葉内側面を切除する手術を受けました。手術によって,てんかんの発作は軽減しましたが,手術後の出来事について覚えることができない重度の順向性健忘になりました。一方,HM 氏には逆向性健忘はなく,手術以前の記憶は比較的良好に保たれていました。詳細な研究により,短期記憶には問題はありませんが,その短期記憶を長期記憶に保存することに問題があり,新しい長期記憶が形成されないことがわかりました。なお,HM 氏は手続き記憶に関する検査をするたびに,「はじめて受ける検査だ」と言っていましたが,手続き記憶自体には障害がなく,だんだんとその検査の成績は高くなりました。2008 年に HM 氏が亡くなられた際には,ニューヨークタイムズ誌などで,記憶と脳との関連に関する科学への貢献と死を悼む記事が掲載されました。

3 注 意

注意とは

私たちは,日常生活において五感を通してさまざまな刺激入力を受けており,そのなかから,そのときに必要な情報に注意を向けて処理をしています。このような注意もいくつかの種類に分けることができ,大きく持続的注意,分割的注意,選択的注意に分けられます。

持続的注意とは,長い間,注意を一定のレベルで維持する注意の機能のことをいいます。例えば,試験監督をする場合,不正行為が行われる確率は小さくても注意を維持する必要があります。

分割的注意とは,複数の対象に同時に注意を払うことで,複数の処理を可能にする注意の機能のことをいいます。例えば,車の運転をしているときは,前方車両にだけ注意を払うのではなく,後方車両や歩行者や自転車などにも注意を払いながら運転をしています。

選択的注意とは,必要な対象に注意を向けて,それ以外の対象への注意を抑制するような注意の機能になります。例えば,パーティ会場には,多くの音が

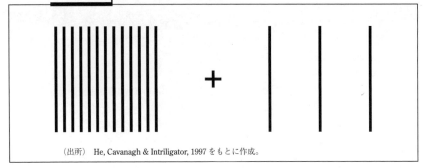

CHART 図2.5 注意の容量を調べる

（出所）He, Cavanagh & Intriligator, 1997 をもとに作成。

飛び交いますが，目の前の人との会話はそれほど困難なく行うことができます。これは，目の前の人との会話に選択的に注意を向けることができることから可能になります。このような現象をカクテルパーティ効果と呼びます。

注意には限りがある？

　図2.5の真ん中の"＋"に視点を固定してみてください。その状態で，目を動かさずに注意だけを左右に移動させてみましょう。右側の線の本数はいくつか数えてみてください。次に，左側の線の本数も数えてみてください。おそらく，真ん中の"＋"に視線を固定した状態で，左の線の本数を数えるのは難しいのではないでしょうか。

　左の線は本数が多く，私たちが特定の刺激に注意を向ける能力の範囲を超えてしまっているため，線の本数を数えることが難しくなります。私たちは，特定の刺激やものごとに注意を向けることで，優先的にそれらの処理を進めて，より詳細な処理をすることができます。しかし，そのような注意には，容量の制限があります。

WORK④　選択的注意検査をやってみよう！

　私たちの注意の容量には制限があることを実感するには，シモンズ（Simons, D. J.）らの実験を体験してみるとよいかもしれません（Simons & Chabris, 1999）。シモンズの研究室のWebサイト（http://www.simonslab.com/videos.html）に，彼らが実験で使用した実験動画がありますので，挑戦してみましょう。上記のWebサイト上の「Try it yourself」と書かれている動画を見てみましょう。白色と黒色のTシャツを着て，バスケットボールのパスをしている人たちがいますので，白い

> Tシャツを着た人の間でやりとりされるパスの回数を数えてください。
> （教科書を閉じて試してみましょう）
>
> 何回パスされたでしょうか。ところで，途中でゴリラが通り過ぎたことに気づいた人はいたでしょうか。もう一度見直すとわかりますが，実は，パスをしている途中にゴリラのぬいぐるみを着た人が通り過ぎています。シモンズらの研究では，約半数の人が，パスを数えるのに集中しており，ゴリラが通り過ぎたことに気づかなかったようです。もし，動画を体験する前に上記の文章を読んでタネに気づいてしまった人は，自分以外の友人や家族などにこの動画を見せてみて，ゴリラを見落とすかどうか調べてみましょう。

私たちの**注意の容量**には限りがありますが，その容量を超えない限りは，複数の処理を同時に行うように注意を分割することもできます。しかし，注意の容量を超えるような量の処理が求められるようになると，複数の処理を同時に進めることができなくなります。対人援助場面において，事故であったり，事故にはいたらなくても事故になってもおかしくないような事例（ヒヤリ・ハット）が生じることがあります。その原因については，さまざまな理由がありますが，注意の容量を超えるような複数の作業を行うと，事故やヒヤリ・ハットを招く可能性があります。

注意に関連した病気や障害

注意に関連した障害として，**半側空間無視**があります。多くの場合，半側空間無視は，なんらかの理由で右の頭頂葉を損傷したときに生じます。半側空間無視では，視野の左半分の対象に気づかなかったり，左半分の空間に対する行動に障害が生じます。例えば半側空間無視の患者に花の絵を描いてもらうと，**図2.6**のように，左半分が描かれていない絵になるなどの症状が見られます。半側空間無視の患者は，視覚などに問題があるのではなく，無視している半分側について指摘したりするなどして注意を向けさせると気づくことができま

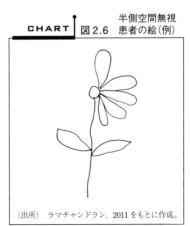

CHART 図2.6 半側空間無視患者の絵（例）

（出所）ラマチャンドラン，2011 をもとに作成。

す。そのため，半側空間無視は，注意の問題であると考えられています。

まとめ

　私たちが何かを感じたり，知覚したり，認知する際には，私たちの脳を通して処理されています。錯視などのように，私たちの感覚・知覚・認知は，現実と主観的体験が完全に一致するわけではない点や処理の容量には限りがある点が特徴としてあります。また，感覚・知覚・認知の処理が脳でなされることから，脳の損傷によってそれらの障害が生じることもあります。対人援助職においては，感覚・知覚・認知の特徴についても把握した上で援助を行うことが大切になります。

CHECK

- □ 1　物理的には同じ刺激に対して，同じであると知らされていても，異なるように見えることを（　　）と呼ぶ。事故などによる四肢の切断によって，失った手足に感じるはずのない感覚を感じることを（　　）と呼ぶ。
- □ 2　時間的観点から，記憶は，感覚記憶，短期記憶，（　　）に分けることができる。記憶障害で，ある出来事以降の記憶に障害が生じることを（　　）と呼ぶ。
- □ 3　注意は，（　　），分割的注意，選択的注意に分けることができる。事故や病気により右頭頂葉に損傷を受けることで，視野の半分の対象に注意が向かなくなる症状を（　　）と呼ぶ。

さらに学びたい人のために　　　　　　　　　　　　　　　　　　　　Bookguide

　スタフォード，T.・ウェッブ，M.／夏目大訳『Mind Hacks――実験で知る脳と心のシステム』オライリージャパン，2005年
　ラマチャンドラン，V. S.・ブレイクスリー，S.／山下篤子訳『脳のなかの幽霊』角川書店，2011年
　山鳥重『脳のふしぎ――神経心理学の臨床から』そうろん社，2003年

CHAPTER

第 **3** 章

心の表れとしての行動

学習の心理学

INTRODUCTION

目の前に，すっぱい梅干しがあります。頭のなかで梅干しのイメージを浮かべてください。イメージが浮かんだとき，少し口のなかにいつもより多めの唾液を感じたのではないでしょうか。梅干しではいまいち実感できない人は，右の写真を見て，レモンの絞り汁をなめることをイメージしてみましょう。これまで梅干しやレモンを食べた経験のある人の場合，その経験からイメージした際に唾液が分泌されるといった現象が起こります。

この章のねらい

① 私たちが何気なく行っている行動について，学習心理学の観点から理解する
② 学習心理学の理論を用いて日常的な行動について説明できるようになる
③ 行動の変容を促す臨床的介入や支援，臨床場面への応用について学ぶ

KEYWORDS

行動　生得的行動　習得的行動　学習　無条件反応　馴化
鋭敏化　無条件刺激　条件刺激　条件反応　古典的条件づけ
恐怖条件づけ　般化　味覚嫌悪学習　消去　暴露法
オペラント条件づけ　3項随伴性　弁別刺激　確立操作　結果
強化　強化子　弱化　罰　観察学習

1 学習と行動

> **QUESTION**
> 「なぜ私はいつもこんなことをしてしまうのだろう」「この行動をやめたい」と思ったり、「あの人はなぜあんな行動をしたのだろう」「あの人の行動を変えたい」などと思うことはないでしょうか。

　対人援助においては、よくない（不適応的）行動を減らしたり、望ましい（適応的）行動を増やすなど、人の行動を変容させる臨床的介入や支援を行うことがしばしばあります。ここで、不適応的な行動や適応的な行動といいましたが、実際に臨床的介入や支援を行う上では、日常生活における「行動」という言葉の捉え方よりも、より限定的な捉え方をする必要があります。そこで、まずは「行動」とは何かということから考えてみましょう。

行動とは

　「**行動とはなんでしょうか**」と改めて問われると、なんと答えてよいのか難しいかと思います。行動とは、私たちが行うあらゆる振る舞いであり、私たちの心の窓となるものです。私たちは、行動を通して相手の心理状態を推測します。例えば、頭を垂れて、何度もため息をついている人を見ると、何か落ち込んでいるのではと考えます。私たちは、行動を通して、心を理解します。

　行動は、私たちが行うあらゆる振る舞いですが、対人援助において行動変容

を促す臨床的介入や支援などを行う場合は，もう少し行動について厳密な定義を行う必要があります。そこで用いられるのが，死人テストと具体性テストと呼ばれるもので，「行動は，死人テストと具体性テストをクリアしたもの」と定義されます。死人テストとは，行動とは死人にはできないものという考えから，死人にもできることは行動とみなさないというテストです。例えば，「ケーキを食べる」は，死人にはできないので，行動と考えられます。一方，「動かない」や「口にケーキを詰め込まれる」は，死人にもできるので，行動ではないと考えます。具体性テストとは，その行動がどのくらい具体的かどうかを調べるテストになります。具体的かどうかの基準としては，仮にその振る舞いを動画撮影したときに，他の人が見ても，同じ振る舞いと判断できることが基準になります。例えば，「英語を頑張る」は，頑張るの基準が見る人によって異なる可能性があり，行動の定義として不適切です。一方で，「英字新聞を買って，音読する」だと，その様子を動画撮影している場合に，他の人も確かにその振る舞いをしていると判断することができ，行動の定義として適切です。

> **WORK⑤**
> **死人テストと具体性テストで行動を定義してみよう！**
> 　自分の普段の生活で行っている振る舞いのなかで，今後増やしたいものと減らしたいものを探して，死人テストと具体性テストでチェックしてみましょう。受動態（〜される）や否定形（〜しない）は死人テストに引っかかりますし，他の人と共通認識をもてない振る舞いは具体性テストに引っかかるので注意しましょう。

生得的な行動と習得的な行動の違い

さらに，私たちの行動は，生得的な行動と習得的な行動に分けることができます。**生得的行動**とは，先天的な要因によって決まる行動です。一方，**習得的行動**とは，経験などの後天的な要因によって決まる行動です。つまり，習得的行動は，過去に経験したことをもとに学習をすることで獲得する行動です。心理学では，**学習**とは，経験によって生じる比較的永続的な行動上の変化とされます。私たちの日々の生活のなかで生じる，経験を通して行動が変化することすべてを学習と呼びます。

以降では，さまざまな学習について説明をしますが，その理解を深める上でポイントとなる，生得的行動の1つである無条件反応について説明をします。**無条件反応**（無条件反射）は，過去の経験によらない特定の刺激に対する反応です。例えば，強い光やほこりが目に入ると，私たちは自然にまばたきをします。その他には，口のなかに食べ物や酸が入ったときに，唾液が分泌されたり，目に入る光の強さの変化に対して，瞳孔の大きさが変化するなどもあります。これらの反応が生じる上で，過去の経験などの条件は不要ですので，無条件反応と呼ばれます。

刺激に馴れる

　習得的行動は学習によって生じますが，学習にもさまざま種類があります。まず，最も単純な学習である「馴れ」について考えてみましょう。

EPISODE ①
> 運動会に参加して，最初はピストルの音にびっくりしていたが，何度も聞いていると，気にならなくなった。

　突然に大きな音が鳴ると，多くの人はびっくりするでしょう。これは驚愕反射と呼ばれる無条件反応ですが，何度も大きな音が鳴るとだんだんとその反応は小さくなることがあります。このように，同じ刺激が繰り返し与えられることで，最初にその刺激によって引き起こされていた反応が小さくなることを**馴化**（じゅんか）と呼びます。このような馴れも，一種の学習です。

　馴化と反対の現象に，鋭敏化があります。鋭敏化は，同じ刺激が繰り返し与えられることで，反応が増えることです。一般的に，強い刺激には鋭敏化が生じやすく，弱い刺激には馴化が生じやすいとされます。例えば，東日本大震災のように大きな地震を経験した直後は，余震に対して慣れるよりは，敏感に反応することが多くなります。また，馴化の場合，繰り返し与えられた刺激に対する反応が小さくなりますが，鋭敏化は，繰り返し与えられた刺激以外の刺激に対しても反応が大きくなります。強すぎる刺激は，鋭敏化を引き起こし，その刺激以外の刺激に対しても反応が広がる点は，対人援助において心に留めておく必要があります。

> WORK❽
> 日常生活で経験する，馴化と鋭敏化の具体例を挙げてみましょう。

古典的条件づけ

刺激と刺激の関係を学ぶ

　1つの刺激に対する「馴れ」よりもさらに複雑な，刺激と刺激の関係に関する学習について考えてみます。もう一度，「梅干し」について思い出してみましょう。酸っぱい梅干しをイメージしたら，口のなかに唾液が出てくることがあります。これは，梅干しを食べた経験のある人において生じます。口のなかに食べ物や酸が入ると唾液が分泌される反応は，唾液反射という無条件反応の一種です。このような無条件反応を引き起こす刺激のことを**無条件刺激**と呼びます。一方で，実際には口のなかに入れていない梅干しの視覚刺激だけで唾液が出る反応は，過去に梅干しを食べた経験という条件が必要になりますので，条件反応と呼びます。このような経験によって獲得される条件反応についての研究は，ロシアの生理学者のパヴロフ（Pavlov, I. P.）によって始められました。

　パヴロフは，犬の唾液分泌に関する実験を行っているときに，興味深い現象に気づきました。それは，唾液分泌は餌を食べたときだけでなく，餌皿を見たときや飼育員の足音を聞いたときでも見られるという現象です。パヴロフは，この現象は，餌皿や飼育員の足音が餌についての信号になった結果，生じるものであると考えていました。この気づきをふまえて，パヴロフは，餌（無条件刺激）とメトロノーム（中性刺激）を対にして呈示することを繰り返します。そうすると，餌を出していなくてもメトロノームの音だけで，唾液が分泌されるようになります。これは，もともと唾液分泌の増加・減少に関係のない中性の刺激だったメトロノームが，メトロノームと餌を対呈示されるという経験を条件として，唾液分泌を引き起こす**条件刺激**となったことを意味します（もともと，メトロノームが引き起こす反応としては，耳をそばだてるような定位反射がありま

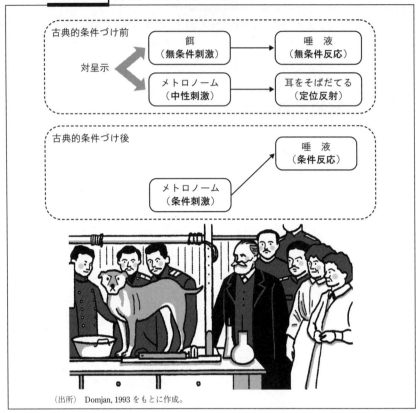

図3.1 古典的条件づけ実験

（出所） Domjan, 1993をもとに作成。

す；図3.1)。このような条件刺激によって引き起こされた反応のことを**条件反応**と呼びます。そして，このような学習のことを**古典的条件づけ**（またはパヴロフ型条件づけ）と呼びます。

WORK⑦ 日常生活で経験する，古典的条件づけの具体例を挙げてみましょう。

感情も条件づけられる

唾液分泌の話では，あまり対人援助において有用ではないように思えるかもしれませんが，私たちの特定の刺激に対する感情についても古典的条件づけで説明することができます。これについては，アメリカの心理学者のワトソン

CHART 図3.2　アルバート坊やの実験

条件づけ以前には，子どもは白ネズミに対して積極的に行動する。

子どもが白ネズミを見ているときに大きな音を鳴らす。

白ネズミを恐れて，逃げる。

恐怖反応は，白いもの，毛のあるものに広く般化する。

(出所)　今田，1996をもとに作成。

(Watson, J. B.) とレイナー (Rayner, R.) が行った**恐怖条件づけ**の実験が有名です。

ワトソンとレイナーは，アルバートという名前の乳児を対象に以下のような実験を行いました (Watson & Rayner, 1920)。アルバートは，もともと白ネズミを怖がっておらず，実際に実験前に白ネズミを見せたときにも恐怖を示しませんでした。一方で，鋼鉄棒をハンマーで叩いた衝撃音には恐怖を示しました（前向きに倒れたり，泣く）。そこで，**図3.2**のように白ネズミと大きな音の対呈示を行いました。日をあけて数回の対呈示をすることで，アルバート坊やは，白ネズミを恐れるようになりました。さらに，その恐怖反応は，ウサギなどの白ネズミに似たものにまで広がりました。このように，似た刺激に反応が広がることを**般化**と呼びます。

まとめると，もともとアルバート坊やにとって，白ネズミは恐怖に対して中性刺激であり，無条件刺激の衝撃音によって無条件反応の恐怖が引き起こされていました。それが衝撃音と白ネズミの対呈示によって，白ネズミが条件刺激となり，恐怖反応を引き起こすようになりました。このように，私たちの特定の刺激に対する感情も古典的条件づけによって形成されていると考えられます。

EPISODE ②

もつ煮込みを食べた後に，激しい嘔吐と発熱を経験して，その後６

2　古典的条件づけ

> 年ほどもつ煮込みが食べられなくなった。体調不良を経験したのは1度だけで，おそらくもつ煮込みが原因ではないと感じていたが，長らくもつ煮込みが食べられなかった。

　古典的条件づけは，刺激と刺激の関係に関する学習ですが，そのなかでも，味覚と内臓の不快感とは関連づけられやすいとされます。みなさんのなかにも，食べた後に嘔吐などの体調不良を経験してから，食べられなくなったものがある人がいるかもしれません。味覚と内臓不快感とは，学習が成立しやすく，少ない回数でも学習が成立したり，学習後もなかなか反応が減らないという特徴があります。これを**味覚嫌悪学習**と呼びます。今はなされていませんが，医療場面において，吐き気が伴う治療のごほうびに好きな食べ物を用意する方法は，結果として好きなものを嫌いにしてしまう味覚嫌悪学習になるため推奨されません。

刺激に曝してみる

　では，一度成立した古典的条件づけはどうやって消すことができるのでしょうか。例えば，パヴロフの犬の場合，メトロノームだけを呈示して，餌を伴わせないようにすると，メトロノームに対して生じていた唾液分泌は次第に消えていきます。これは，無条件刺激（例えば餌）を経験しない状況で，条件刺激（メトロノーム）だけを経験することができれば，無条件刺激と条件刺激の関係についての学習が弱められることによって生じます。これを**消去**と呼びます。このような原理を用いた心理的介入方法として，**暴露法**（エクスポージャー）があります（第11章も参照）。暴露療法では，不安や恐怖に悩む人を対象にし，恐怖や不安（条件反応）を引き起こす刺激（条件刺激）に曝すことを行います。最初は，刺激への暴露によって恐怖や不安は高くなりますが，条件刺激によって引き起こされた恐怖反応はいつか減弱します。これを繰り返すことで，無条件刺激と条件刺激との関連が弱まります。具体的な暴露療法の手続きとしては，患者が不安や恐怖を感じる刺激や状況について聞き取りを行って，不安の高さなどによって階層化したリスト（不安階層表）をつくります。そして，そのリストを用いて，不安の低いものから段階的に暴露（段階的エクスポージャー）を行います。

3 オペラント条件づけ

行動の結果から学ぶ

　古典的条件づけは，条件刺激と無条件刺激との関係についての学習ですが，一方，私たちの生活のなかでは，何か行動をしてみて，その行動の結果から学ぶことも多いでしょう。例えば，はじめてゴルフをしたとき，はじめはどのようにスイングしたらよいのかわからず，さまざまな振り方をしてみて，そのうちうまく球が飛んで，その振り方をするようになるかと思います。

　このような学習の実験として，アメリカの心理学者のソーンダイク (Thorndike, E. L.) の実験があります (Thorndike, 1898)。ソーンダイクは，ネコを対象に実験を行い，図3.3のような問題箱にネコを入れて，脱出するまでの時間を測定しました。問題箱は，ただ出口に向かえばよいのではなく，なかの紐をうまく引かないと開かないような工夫がなされています。問題箱に入れられたネコは，最初は出る方法がわからないので，箱内のさまざまな場所を押したり引いたりします。そのうち，たまたま正しい反応（行動）をして，箱から出ることができると，だんだんと脱出するのにかかる時間が短くなります。このように，何か行動を行ってみて，結果（行動後の環境変化）によって行動の起こる頻度が変化する学習を**オペラント条件づけ**と呼びます。オペラントとは，操作 (operation) に由来し，オペラント条件づけとは環境を操作する行動についての条件づけになります。

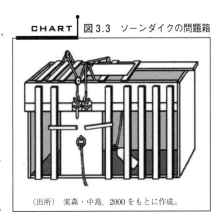

CHART　図3.3　ソーンダイクの問題箱

（出所）実森・中島，2000をもとに作成。

随伴性に注目する

　オペラント条件づけという名前を命名したのはソーンダイクではなく，アメリカの心理学者のスキナー (Skinner,

B. F.) です。スキナー以降の研究から，私達の自発的な行動は，先行事象，行動，結果の3項随伴性（図3.4）によって理解できることがわかってきました。図3.4に示したように，行動の前に先行事象，行動の後に結果があります。先行事象において，「行動のきっかけとなる環境変化」のことを**弁別刺激**と呼びます。例えば，横断歩道を渡る際の青信号は，弁別刺激になります。また，私たちが何か行動をするときに，それに先立つ私たちの状態が行動に影響することがあります。例えば，小腹が空いたときに間食することは多いですが，ご飯を食べて満腹になったら，間食をすることは減るでしょう。このような「行動に対する結果の影響の強さを変える環境変化」を**確立操作**と呼びます。そして，最も私たちの行動に影響するのは，**結果**（「行動の後に起こる環境変化」）です。結果によって，行動が増加したり減少したりしますが，なんらかの結果が伴うことで行動が増える場合は強化といい，行動が減る場合は弱化と呼びます。

　この行動を**強化**（増加）する結果の刺激（行動後の環境変化）を**強化子**と呼び，強化子には正の強化子と負の強化子があります。行動の後に，ある刺激が与えられる（出現する）ことで行動が増加する場合，その刺激を正の強化子と呼び，この場合の強化を正の強化と呼びます。例えば，真っ暗な部屋に入って，右側の壁のスイッチを押すと電気がつくことを経験して，その後も真っ暗な部屋に入ったら右側の壁を探るようなことがあったとします。この場合，「明かりがつく」という刺激は，出現することで右側の壁を探る行動を増やす正の強化子といえます。一方，行動の後に消失することで行動が増加する場合，その刺激は負の強化子と呼び，この場合の強化を負の強化と呼びます。例えば，雨が降っており，傘をさすことで雨に濡れずにすんだ場合，その後も雨が降ったら傘をさすでしょう。この場合，「雨に濡れる」という刺激は，消失することで傘をさす行動を増やす負の強化子といえます。

　一方，行動の**弱化**（減少）に関わる結果の刺激を**罰**と呼びます。罰にも正の罰と負の罰があり，行動の後に出現することでその行動が減少する場合，その刺激は正の罰と呼び，この場合の弱化を正の弱化と呼びます。例えば，体型を気にしている友人に対して，そのことをからかってみたら，怒って怒鳴られたとしたら，その友人の体型をからかうことは少なくなるでしょう。この場合，出現することでからかう行動を減らした「友人が怒鳴る」という刺激は，正の

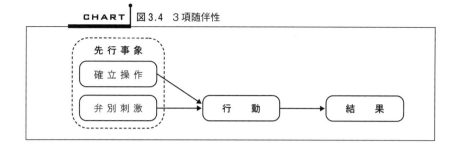

CHART 図3.4 ３項随伴性

CHART 表3.1 強化子・罰と強化・弱化の関係

	刺激の出現	刺激の消失
行動の強化（増加）	正の強化子	負の強化子
行動の弱化（減少）	正の罰	負の罰

罰になります。一方，行動の後に消失することで行動が減少する場合，その刺激は負の罰と呼び，この場合の弱化を負の弱化と呼びます。例えば，授業開始時点に10ポイントが与えられ，もし立ち歩いたり私語をするとその持ち点が減点されるようなルールを設定した結果として，立ち歩いたり私語をする回数が減ったとします。この場合，立ち歩いたり私語をする行動を減らした「減点」（ポイントの消失）という刺激は負の罰になります。**表3.1**のように，私たちの行動は，行動の強化と弱化の観点から分析をすることができます。

行動の改善に活かす

　オペラント条件づけを応用することによって，私たちの行動を分析することができると同時に，行動の改善のための工夫を提案することもできるでしょう。まず「先行事象」において，確立操作によって望ましくない行動を減らすにはその行動の動因となる欲求を解消し，望ましい行動を増やすためにはその行動の動因となる欲求を高めます。そして，望ましくない行動を減らすためには弁別刺激を取り去り，適切な行動を増やすには弁別刺激を増やします。「行動」の段階においては，望ましくない行動と同じ結果が伴うような，機能が同じより望ましい行動を探します。そして，その望ましい行動を，問題となる行動に置き換えます。また，行動を実行するスキル面での問題がある場合は，行動を

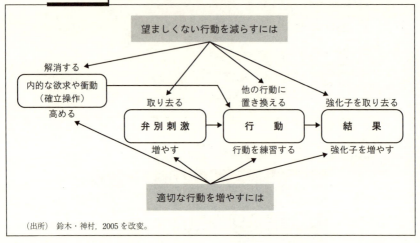

CHART 図3.5 行動を増加・減少をさせる方法

(出所) 鈴木・神村, 2005 を改変。

増やすために, 行動の練習を行います。「結果」の段階においては, 望ましくない行動を減らすには, その行動を強化している正の強化子を取り去り, 行動に随伴していた刺激の随伴をやめます。このことを古典的条件づけと同様に消去と呼びます。消去によって行動は減っていきますが, 消去を始めたすぐ後は, 一時的に行動が増加する反応バーストという現象が起こります。一時的に行動は増えますが, 最終的には行動が減少していきます。一方, 適切な行動を増やす場合は, 行動に随伴する正の強化子を増やします (図3.5)。このようにして, オペラント条件づけを用いて, 望ましくない行動を減少させたり, 適切な行動を増やすことも可能になります (第11章も参照)。

WORK⑧

WORK⑤で定義した増やしたい行動と減らしたい行動について, オペラント条件づけの観点から行動を増やしたり減らすための工夫を考えてみましょう。

古典的条件づけもオペラント条件づけも, 直接的な経験によって生じる学習ですが, 私たちの生活では, 直接的な経験なしに学習が生じることがあります。例えば, 友人がいたずらをして叱られているのを見て, まったく同じことをすることはないのではないでしょうか。私たちは, 他人の行動が強化されたり, 弱化される様子を見て,「こういう状況で, この行動をすると, 叱られる」といった予期をつくります。そして, 次に似たような状況に遭遇したときには,

予期に従って，強化されていた行動は行い，弱化されていた行動は行わないようにします。こういった直接経験によらない学習を**観察学習**と呼びます。行動の改善においては，他者の行動と結果を観察して同じ行動をとってみるモデリングも用いられます。

CHECK

- ☐ 1 私たちの行動は，生得的行動と（　　　）に分けることができる。1つの刺激を何度も繰り返し与えることで行動が減ることを馴化と呼び，強くなることを（　　　）と呼ぶ。
- ☐ 2 中性刺激と無条件刺激を対呈示することで，中性刺激が無条件反応を引き起こす条件刺激となることを（　　　）と呼ぶ。私たちの恐怖感も条件づけられる可能性があり，その行動を取り去る心理的介入法として（　　　）がある。
- ☐ 3 オペラント条件づけでは，先行事象，行動，結果の（　　　）から自発的な行動を理解する。出現することで行動が増えるような結果の刺激を（　　　）と呼び，減るような結果の刺激を罰と呼ぶ。

さらに学びたい人のために　　　　　　　　　　　　　　　　　　　　Bookguide

実森正子・中島定彦『学習の心理――行動のメカニズムを探る』サイエンス社，2000年

杉山尚子『行動分析学入門――ヒトの行動の思いがけない理由』集英社新書，2005年

奥田健次『メリットの法則――行動分析学・実践編』集英社新書，2012年

CHAPTER

第 **4** 章

心の動きとしての感情

感情の心理学

INTRODUCTION

ある日，スーパーに行くと，150円と300円のトマトがありました。みなさんなら，どちらのトマトを購入するでしょうか。見る限り違いがないようであれば，少しも安い150円のトマトを選ぶことが合理的判断といえそうです。それでは，他のお客さんがまったく躊躇することなく，300円のトマトを購入している姿を見た場合はどうでしょうか。もしかすると，他の多くの人が異なる選択をしているからという曖昧な理由によって，150円のトマトを選ぶことに迷いや困惑といった感情が生じ，300円のトマトを購入してしまうかもしれません。

　私たちは，人間は合理的な動物であると考えていますが，このような理性的かつ合理的活動として捉えられる経済活動でさえ，感情が影響しています。

この章のねらい

① 感情の分類や機能について知る
② 臨床心理学や神経心理学的観点から，感情の機能やメカニズムについて学ぶ
③ 感情をコントロールするための方法を知り，対人援助場面で活用できるようになる

KEYWORDS

基本感情　感情有害説　感情有用説　末梢起源説　中枢起源説
扁桃体　前頭前野　感情制御方略　抑制　ディストラクション
認知的再評価　マインドフルネス　暴露法

1 感情の基本的な理解

　私たち現代人にとって，自分自身の感情とうまく付き合っていくことは，円滑な生活を営む上で極めて重要です。例えば，「人間関係のなかでは，自分自身の感情を抑制し，場の雰囲気を読みながら行動すること」や，「職場においては感情に流されず，効率的に職務に対処すること」が推奨されている風潮も見受けられます。しかし，INTRODUCTION で述べたように，近年では，理性的かつ合理的活動として捉えられる経済活動にも私たちの感情が強く関連していることが知られるようになり，私たちが理性的に判断したと考えていることであっても，実は感情の影響を受けていることは少なくありません。このように，感情は現代の私たちの生活に対して大きな影響を及ぼしていますし，その役割や機能，影響は多岐にわたります。

感情はつかむことが難しい？

> **QUESTION**
> 「感情とは何か」と聞かれると，みなさんはどのように答えますか。

まず，多くの人の頭に思い浮かぶのが，「喜怒哀楽」という言葉ではないでしょうか。その他にも，幸せ，愛おしさ，妬み，恥といったさまざまな感情を挙げることができますが，私たちがこのようなさまざまな感情を抱きながら日々生活をしていることをみなさんも経験的に理解しているはずです。その意味でも，感情は，私たちとは切っても切り離せないものになっています。そのため，当然心理学においても，「感情とは何か」についてのコンセンサスがあるように思われていますが，実は感情を厳密に定義することは難しいとされています。なぜなら，感情には，①内外の環境刺激に対する認知的評価，②感情状態，③感情体験，④感情表出の4つの現象があるとされているように，多次元的な現象であることや，①主観的な状態の側面，②適応行動への準備状態である生物学・生理学的反応の側面，③機能的側面，④社会的な現象としての側面など，さまざまな側面をもつため，感情のどのような性質や機能に着目するかによっても定義が異なるとされているためです。また，感情は性質上，瞬間的に生じる個人的な体験であることが多いため，他者のみならず，本人ですら認識したり，表現することができないこともあり，感情の測定が難しいということも影響しています（**Column**①参照）。

　このように感情の定義が難しいにもかかわらず，心理学の重要なテーマとなっているのは，私たちがある人に出会ったり，ある出来事を体験する際に，評価的な反応が伴わないことはほとんどありませんし，あらゆる活動に感情というものが関わっているためです。そのため，感情を理解することはまさに人間の精神活動を理解することになり，対人援助場面における感情の理解は重要なテーマとなっています。

感情はどのように分類されるか

　私たちは，日常生活を過ごす上でさまざまな種類の感情を体験しますが，一般的に感情は，一次感情と二次感情の2つに分類することができます。一次感情は，喜び，興味，悲しみ，怒り，恐れ，嫌悪といった感情のことを指します。これは進化の過程で人間の適応にとって重要であり，元来，ヒトに備わっていると考えられており，**基本感情**とも呼ばれています。例えば，一次感情を示す表情写真を異なる文化圏で暮らす人びとに見せて，表情写真からどのような感

> **Column ❶　感情の定義と測定方法**
>
> 　最も広く感情の概念を定義したものは，「感情とは，人が心的過程のなかで行うさまざまな情報処理のうち，人，物，出来事，環境についてする評価的な反応である」というオートニー（Ortony, A.）らの定義です（Ortony et al., 1988）。もう少し詳しく述べると，感情とは，ある対象に対して，「好き－嫌い」「安全－危険」といったような観点から評価した際に生じる反応であり，そのなかには，①神経生理学的反応，②表情や行動に表れる表出行動，③主観的な心的体験，といった幅広い反応が含まれていると考えられています。一般的に，感情の測定は困難であることが知られていますが，この定義に従えば，以下の3通りの方法によって感情を測定することができます。1つ目は，感情が生じているときには，血圧や心拍，発汗といった生理的・運動的変化を伴うことが多いため，神経生理的反応を測定する方法です。近年，発展してきたfMRIやPETなどで脳活動を測定する方法もこのなかに含まれるでしょう。2つ目は，感情研究においては盛んに実施されてきたように，主に口元や目鼻，額といった表情や態度に表れる表出行動を測定する方法です。そして，3つ目は，面接や質問紙調査などによって主観的な心的体験を測定する方法であり，実際にうつや不安，自尊心などの心理尺度が広く使用されています。

情が読み取れるかという課題を行うと，正答率は文化圏を越えて高いことが知られています。つまり，一次感情は，基礎的で普遍的なものといえます。一方，二次感情は，愛情，誇り，自尊心，妬み，恥，罪悪感といった感情が含まれており，その特徴には①一次感情と比較して発達的に遅れて見られる，②成人であっても明確にその感情をもっていない場合がある（個人差がある），③感情の種類によっては，文化的規範や習慣によって奨励されたり，抑圧されることがある（文化差がある），といったような特徴があります。このような感情は，学習や経験によって獲得される側面があるため，二次的な感情として捉えられています。

　この感情の分類の背景には，感情の機能や役割をどのように捉えるかという重要な問題提起となったトムキンス（Tomkins, S. S.）の感情理論が影響しています（Tomkins, 1962）。トムキンスは，「感情には生物が環境のなかで最適行動するように動機づける機能がある」として，①興味・興奮，②愉快・喜び，③

驚き・驚愕，④苦痛・苦悶，⑤怒り・憤慨，⑥恐怖・怯えといった6種類の感情を生じさせる感情プログラムが生得的に組み込まれていることを提唱し，感情の分類方法を発展させました。

> **WORK⑨**
> **他者の表情から感情を読み取ろう**
> 　2人組になりましょう。まず，Aさんは，最初に一次感情について表情で表してください。BさんはAさんがどのような感情を表出しているか当ててみましょう。次は，二次感情について表情で表して，先ほどと同じように当ててみましょう。

感情にはどのような役割が備わっているか

> **EPISODE ③**
> 　A社の採用面接ではなんだか不安になってしまい，うまく話せなかったのに，逆に，今日のB社の面接では気分が高揚したおかげで堂々と話すことができた。

　感情にはどのような役割や機能があるのでしょうか。この疑問については，EPISODE③の2つの例のように，感情が人間の行動や生活に対して妨害的に作用すると考える立場（感情有害説）と，感情が人間の行動や生活に役立っていると考える立場（感情有用説）に分かれて，多くの論争がなされてきました。そして現在，大局的に見れば，感情有用説が優勢となっていますが，感情が情報処理や態度にもたらす影響はいつも同じではないため，個別に見ると，一概に言い切ることはできません。

　この感情の機能に関して代表的な知見はアーノルド（Arnold, M. B.）らのものです（Arnold & Gasson, 1954）。アーノルドらは，人がある対象に接すると，自動的に素早く自己との関係性を判断し，「良い」と評価された対象には「接近」し，「悪い」と評価された対象には「回避」すると主張しました。つまり，端的にいうと，感情には対象が良いものか，悪いものかを判定する機能があると考えたということです。この知見や先ほど述べたトムキンス（Tomkins, 1962）の感情理論が感情の機能を解明するさまざまな理論に影響を及ぼし，①感情には適応としての機能があると考える進化理論，②感情のプログラムの中身を詳細に検討しようとする感情の構成要素理論，③生物学的基盤を前提とせずに，

1　感情の基本的な理解　●　39

文化や人間関係，社会的規範などによって感情は決定されるとする社会構成理論といった複数の理論へと発展していきました。現在でも，このような多くの理論の間で論争が続いていますが，近年では，感情が有用なのか有害かという議論を超えて，感情の作用メカニズムを解明する研究が進んできています。

感情のメカニズム

感情はどこから生じるか

　私たちの抱くさまざまな感情は，どこから生じるのでしょうか。古代ギリシャの哲学者のプラトンは「知の源は脳，感情の源は心臓にある」と述べています。これは「胸が高鳴る」「胸が痛い」といったように感情体験の際に心臓の生理的変化が生じるために古くから推察されてきた可能性を示しています。しかしながら，動物やヒトを用いた多くの事例や研究によって，感情の中枢は脳にあることが示されるようになってきています。そして，次に紹介するような事例から，脳は知的活動のみならず，性格や感情といった精神活動に関与していることが知られるようになりました。現在では，脳のどの部位で，どのような経路を経て，どのような感情が生じるかについての検討が進んでいますが，単独の理論ですべてを説明できるものはなく，いくつかの研究の流れに受け継がれて存在しているため，それらの理論を紹介します。

CASE ③

1848年，鉄道の現場監督をしていたフィニアス・ゲージは，岩を砕く火薬の使用ミスによって，アゴから脳まで直径3cmの鉄の棒が突き刺さるといった被害を受けました。一命は取りとめたものの，聡明で，礼儀正しく，周囲に頼られる性格が，事故後は，衝動的になり，失礼な発言を繰り返すようになるなど性格や感情面に大きな変化が見られました。

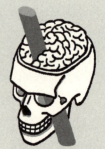

頭蓋骨と鉄の棒

CASE ④

向精神薬がなく，精神疾患に対する有効な治療法が確立されていない1950年代頃，前頭前野を取り去ったチンパンジーの衝動性が低下したという動物実験の報告から，過度の興奮，不安症状をもつ患者に対して，脳の一部（前頭前野）を切り取ってしまうという手術（ロボトミー手術）が実施されていました。しかし，その結果，何事にも意欲や関心がなくなったり，場にそぐわない言動が増加するといった副作用が見られるようになりました。

感情はどのようにして生じるか

「悲しいから泣くのではなく，泣くから悲しい」と聞くと，少し違和感を感じるかもしれません。しかし，ジェームズ（James, W.）は，自分の生理状態を知覚することで感情が生じると考え，その身体的感覚こそが感情であるとしました。もう少し詳しく説明すると，この説は「悲しいから泣く」という一般の常識とは逆の因果関係を主張していると解釈されがちですが，ある対象を知覚し，泣いているときに生じる身体変化の体験そのものが悲しいという感情であると主張しているのです（James, 1884）。具体的に述べると，ある刺激が大脳皮質（大脳の最も外側にあり，感覚や運動皮質などの部位を含む：図4.1）で知覚されると，身体（特に内臓と骨格筋）に変化が生じ，その身体変化が脳に伝えられ，その知覚されたものこそが主観的な感情体験であるとしました。この理論は，身体の末梢反応こそが感情体験の源であるという意味で**末梢起源説**と呼ばれて

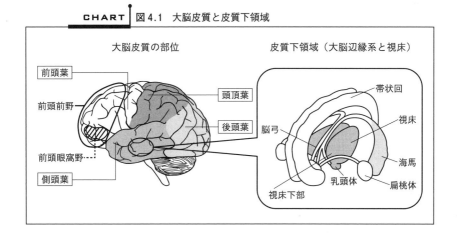

CHART 図4.1 大脳皮質と皮質下領域

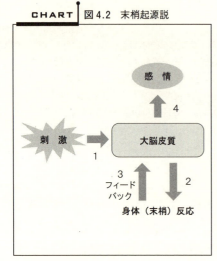

図4.2 末梢起源説

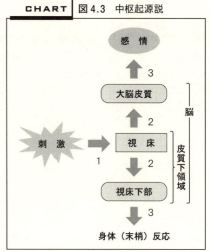

図4.3 中枢起源説

います（図4.2）。

　末梢起源説は長い間，有力な理論として広く支持されましたが，キャノン（Cannon, W. B.）はこの理論を批判し，独自の理論を提唱しました（Cannon, 1927）。それは，ある刺激は，必ず皮質下領域である視床を介して2つの経路に分かれ，1つは大脳皮質に伝達され，恐怖や喜びといった主観的な感情体験をつくり，もう一方は視床下部に伝達され，身体の生理的変化を起こすとしたものです。このように，感情といった心理的体験と生理的反応は同時に，かつ独立に生じるとして，感情の中枢は視床にあると考えたことから，**中枢起源説**とも呼ばれています（図4.3）。

　両者の理論は，感情が生じるメカニズムについて異なるプロセスを想定していますが，感情体験は，それに先行して脳が刺激を受けた結果であり，それは無意識的に生じることや，刺激の知覚後に身体反応が生じると主張している点では共通しています。そして，現在では，両者の理論が主張したように，ある特定の脳部位に感情を司る機能があるのではなく，パペッツ（Papez, J. W.）の複数の脳部位が影響し合いながら感情が生じるという考え方が受け入れられています（Papez, 1937）。特に，現在は，視床下部や帯状回，海馬，脳弓，乳頭体，扁桃体などの大脳辺縁系を中心とした神経回路が着目されており，各部位の機能とともに相互作用の検討が盛んに行われています（図4.1）。

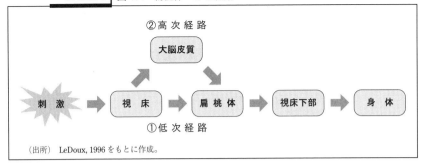

図4.4 扁桃体への2経路

(出所) LeDoux, 1996をもとに作成。

人間の社会生活では，感情は諸刃の剣になる

　先ほど述べた大脳辺縁系のなかでも感情を理解する上で特に重要な脳部位が**扁桃体**です。扁桃体は，環境内にある感情的な刺激を検出し，感情反応を起動する役割を果たしています。例えば，扁桃体を両側とも切除されたサルは，正常な感情反応が生じないため，本来であれば回避する火やヘビに対しても接近したり，対象がなんであろうと交尾しようとするなど，感情が異常になったと見られる行動を起こすことが知られています（クリューバー・ビューシー症候群）。また，近年では，ヒトが他者の恐怖や幸福感のある表情を知覚する際に，扁桃体が反応することが示されています。つまり，扁桃体は人物理解のための情報判断に影響を及ぼしており，社会生活に適応するために重要な機能も担っていることがわかってきています。

　そして，視覚や聴覚，内臓刺激といった感覚刺激が扁桃体まで届けられる経路には2つのものがあり，視床から扁桃体への直接的な神経連絡（低次経路）と，視床から高次な大脳皮質を介して扁桃体へ至る神経連絡（高次経路）があります（図4.4）。低次経路は，高次経路よりも粗い情報処理しかできないものの，より速やかな情報処理を行うことができます。そのため，なんらかの刺激が存在することを素早く検出し，その後の詳細な対応に備えることができるというメリットがあります。しかし，その一方で，人間の社会生活を想定した場合には，これがデメリットにもなりえます。例えば，不安症（不安障害）などで見られる恐怖条件づけは，主に低次経路が関与しており，刺激に対する客観的な意味づけがなされる前に，刺激情報が扁桃体に届けられることによって，

本来は恐ろしいはずのない刺激に対しても，過剰な恐怖反応が生じるようになってしまいます。

このように見ると，感情を引き起こす脳の仕組みは比較的鋭敏であることがわかります。前述したように，感情は適応のために進化の過程で発達した仕組みとしての側面があるため，多くの動物にとっては感情のままに行動したほうが適応的な結果をもたらす可能性が高いと考えられます。しかし，人間の場合は，社会生活を営んでいるため，感じた感情をそのまま表出したり，行動したりすることは不利益になる危険性も含んでいます。私たちの社会生活を営む上では，感情に振り回されることなく，感情をうまく調整していく方法について理解していく必要があります。

3　感情のマネジメント

なぜ感情を制御することが重要か

社会生活を送る上で，感情をコントロールすることが求められる機会は少なくありません。その感情制御の機能に関して重要な役割を担っているのが，**前頭前野**です。前頭前野は，大脳皮質の前頭葉の領域のうち運動に関連するものを除いた部位のことを示し，思考・言語・意思決定などの知的な高次機能に関連しており，特に人間において発達しています。そのなかでも，感情に関連が深いのは眼球が収まっている頭蓋骨の窪みに位置する前頭眼窩野で，扁桃体と密接な神経連絡をもっています。ただし，扁桃体と異なるのは，扁桃体が感情を起動する刺激を素早く検出するのに対して，前頭眼窩野は刺激とそれに対する自分の行動，そしてその行動の結果を観察し，長期的な評価に基づいて行動をコントロールしていく機能があることです。例えば，対人関係を壊さないために，短期的な報酬を追求して利己的な行動をとろうとする衝動性を抑えて，長期的に見て自他ともにメリットがある手段を選択することが求められる場合がありますが，前頭眼窩野はこのような他者との関係性の維持といった社会的な営みを行う際に働きます。

つまり，感情制御とは，意思決定などの高次機能を担う大脳皮質領域の「前頭前野」の複数の部位によって，感情を起動する「扁桃体」の活動を調整するというメカニズムによるものであることがわかります。実際に，この機能がうまく働かなくなることで，精神疾患（例えば，抑うつ障害やパニック症などの不安症〔不安障害〕，依存症，サイコパシーなど）が生み出されることになります。また，感情制御が不得意な人は，精神疾患だけでなく，心臓病や糖尿病といった身体疾患のリスクが高まることが知られています。これは，感情制御がうまくいかないと，感情に伴う身体反応が過剰に起こり，それが身体に負担をかけているためです。感情を適切にコントロールしたり，マネジメントしたりしていくことは，心身の健康を維持していくためには極めて重要で，対人援助職において理解しておくべき重要な領域の1つです。

感情制御するための方略とは

EPISODE ④

病院でどのような処置をされるかわからず，不安や恐怖を抱えているヤマダさんは，病院に行くことを拒否しており，結果として腰痛が悪化している。

　自分自身の感情のままに行動することは，私たちの社会生活のなかでは，必ずしも良いことばかりではなさそうです。円滑な社会生活を営むために，私たちは，怒りや悲しみといったネガティブ感情を体験することを避けたり，変化させようとしたり，感情の制御のための方略をとります。ここでは，主に使用される感情制御に関わるいくつかの代表的な方略とその機能について簡潔に紹介します。

　まず，日常的に頻繁に使用される**感情制御方略**の1つとして挙げられるのが**抑制**です。例えば，式典などの厳粛な場所で笑いたくなってもそれを必死に抑えたり，人間関係のなかで頭にくることがあっても怒りをぶつけずに我慢するというように，感情が生じてそれが意識された後に，表出しないように制御することは，社会生活を営む上では重要な感情制御方略です。しかし，この方法には弊害も多いことが知られています。例えば，感情抑制は認知的負荷の高い活動であるため，自律神経系の興奮がかえって高まってしまい，感情抑制が慢性化した状態になると，健康面の問題が生じるようになることが知られています。

2つ目は，イライラした感情が持続しているときに，気を紛らわそうとして，散歩に出かけたり，読書をしたりというように，感情から無関係な物事へ注意をそらす行為を**ディストラクション**といいます。考えたくない事柄が頭のなかに侵入してきた際に，他の事柄を思い出して，注意を移すように努力した経験があるかもしれませんが，それもディストラクションの1つです。

　そして，より積極的な認知的活動による感情制御の方法として，**認知的再評価**があります。例えば，試験に失敗したとしても，この体験によって自分が成長できることであったなどと捉え直し，不快な感情をもたらした事象に対する自分自身の解釈や認知を変化させることによって，結果的に気分を変化させようとする試みのことです（第10章参照）。実験参加者に不快感情を喚起させる刺激を呈示し，感情を抑制するように指示された群では自律神経系の興奮が高まるのに対して，認知的再評価を試みるように指示された群において不快感情を低減させることができたという報告もされていることから，認知的再評価はより適応的な感情制御方略の1つであると考えられています。

　さらに，近年では，認知内容というよりも，認知の機能を変化させることが重要視されており，「『今・ここ』での経験に評価や判断を加えることなく，能動的な注意を向ける」といった**マインドフルネス**によって，ネガティブな思考や情動へのとらわれから脱却する方略も注目されています。また上記には，情動制御のための認知的な試みについて主に紹介しましたが，恐怖や不安に対する行動的な情動制御方略として，不安や恐怖刺激に暴露することによって馴化や再学習を促す**暴露法**（エクスポージャー）といった専門的な技法も臨床現場では活用されています（第3章も参照）。

WORK⑩ これまでの体験で感情に振り回されて困ってしまった体験を振り返り，どのような感情制御が活用できたかを具体的に書いてみましょう。

感情制御方略の実践例

EPISODE ⑤ よく，学校やアルバイト先でちょっとしたことで怒りの感情を感じてしまう。この気持ちにどのように対処すればよいかわからない。

感情制御の不全は，日常生活や健康維持に悪影響をもたらす可能性があります。そのため感情制御方略とその機能を理解しておくことは，対人援助においても役に立つと考えられます。

　例えば，コントロールが難しい，対人援助の際に生じる怒りの感情について取り上げてみましょう。私たちは，イライラしてもあまり良いことがないことは経験的に理解していても，怒りはなかなか収まってくれず，とらわれてしまうことが多いものです。まず重要なことは，多くの人は，その出来事が怒りの原因になったと考えていますが，実際には自分の考えが怒りを生み出しているということに気づくことです。つまり，イライラしているときは，周囲の情報が入ってこないため，視野も狭くなってしまい，柔軟に物事を考えるのが難しくなり，結果的に，自分の考えにとらわれてしまったり，自分が正しいと思える情報ばかりに注意がいき，さらにイライラが持続するというような悪循環に陥っていることが少なくありません。したがって，このようなイライラ感情をコントロールするためには，まずはイライラする原因と物理的，心的な距離をおくことが重要です。例えば，トイレに行く，違うフロアに移動する，怒りを感じる人から距離をとるというようなディストラクションのレパートリーをいくつかもっておくことが有効です。

　また，リラクセーションや深呼吸のような身体に対するリラックス効果をもたらすような方法も効果的であると考えられます。そのような方略を用いてクールダウンした後であれば，物事をいろいろな視点で捉える余裕が生まれ，自分の考えが妥当なのか，他の考えの余地がないのかを改めて振り返り，再評価することで感情をコントロールできる可能性があります。また，そのように客観的に振り返った結果，感情を表出することが必要だと感じれば，その感情を適切な形で他者に伝えること（アサーション）が有効な場合もあります。

　このように，私たちは日常生活において，さまざまな方法を用いて感情をコントロールしようと試みますが，もちろんいつも成功するとは限りませんし，時として感情に圧倒されてしまうこともあります。それは感情制御には認知処理のための資源が必要で，これは制御を続けると減り，枯渇すると回復するのに時間がかかるためです。このように，私たちは常に十分な力を感情制御に注げるわけではないため，感情制御の効果には制約があると考えられています。

そのため，日頃から実践できる感情制御方略を身につけることや，いくつかの感情制御方略を組み合わせて実行するなどの工夫が必要だと考えられます。

CHECK

- □ 1　感情の発動には主に（　　　）が関わり，感情の制御には主に（　　　）が関わっています。この機能が不調になると，（　　　）や（　　　）のリスクが高くなります。
- □ 2　主な感情制御方略には，（　　　），（　　　），（　　　）などがあります。

さらに学びたい人のために　　　　　　　　　　　　　　　　　　　　Bookguide

　大平英樹『感情心理学・入門』有斐閣，2010年
　ルドゥー, J.／松本元ほか訳『エモーショナル・ブレイン——情動の脳科学』
　　東京大学出版会，2003年

CHAPTER 5

第5章

心の輪郭としてのパーソナリティ

パーソナリティの心理学

INTRODUCTION

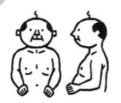

　精神科医であるクレッチマー（Kretschmer, E.）は，臨床場面での多くの精神疾患患者の観察から，体格によって，その人のパーソナリティの特徴が異なることを見出しました。ふくよかな人は明るく社交的であり，痩せている人は神経質で真面目。みなさんは，どのように思いますか。

この章のねらい

① パーソナリティとは何か理解する
② さまざまなパーソナリティ理論について知る
③ 感情や行動に影響するパーソナリティについて知る

KEYWORDS

パーソナリティ　気質　クレッチマー　ユング　類型論
特性論　ビッグ・ファイブ理論　フロイト　エリクソン
神経症傾向　メランコリー親和型性格　抑うつスキーマ
タイプA行動パターン　タイプD行動パターン
タイプC行動パターン

1　パーソナリティ理論

パーソナリティとは

> **QUESTION**
> パーソナリティはどのようにつくられるのでしょうか。なぜ個人差があるのでしょうか。

　人にはさまざまな個人差があります。振る舞いや発言，好みやものの見方，考え方など，「その人らしさ」を心理学では，パーソナリティという用語で表現します。つまり，パーソナリティとは，その個人の思考，感情，行動の根底にある持続的で一定したパターンを指し，多少の変化があっても，時間経過や場面・状況によって変化することはあまりないものです。パーソナリティと似た言葉に，性格や人格があります。語源的に，性格は生得的に備わった特徴を意味するのに対し，人格は社会的に形成された特徴や役割を意味し，「人格者」など倫理的・道徳的な価値的ニュアンスが含まれます。パーソナリティ，性格，人格といった用語は，現在，日常的にほとんど同じ意味として用いられていますが，学術的には，ニュアンスの違いから，包括的にその人の特徴を説明する「パーソナリティ」という用語が使われます。また，他にも，個人の情動的な反応の特徴を示す用語に**気質**があります。気質とは，体質が身体面の基底的な部分を指すのと同様に，人の情動面の基底的な部分を指し，あまり環境によっ

CHART 表 5.1　代表的なパーソナリティ理論

研究者	パーソナリティの捉え方	
クレッチマー, E.	体格による3類型	類型論
ユング, C. G.	内向性と外向性	
シェルドン, W. H.	身体的特徴による3類型	
シュプランガー, E.	価値観による6類型	
オルポート, G. W.	共通特性と個人特性	特性論
キャッテル, R. B.	16因子の根源特性	
アイゼンク, H. J.	外向性,内向性,神経症傾向の3因子	
コスタ, P. T., Jr. & マクレー, R. R.	5因子論（ビッグ・ファイブ理論）	
フロイト, S.	精神性的発達理論	
エリクソン, E. H.	心理社会的発達理論	
ロジャーズ, C. R.	自己概念と体験の一致	
スキナー, B. F.	強化による習慣の形成	

て変化しない遺伝的素質や生理的特質を表します。

パーソナリティ研究の歴史

　パーソナリティはどのようにつくられるのか，なぜ個人差があるのかといった疑問について，**表5.1**のように多くの研究者が検討してきました。
　クレッチマーは，精神科医としての自身の臨床経験から，精神疾患患者の体型に注目し，パーソナリティの特徴を捉えようとしました。彼は，躁うつ病の患者には肥満型の体型の人が，分裂病（統合失調症）の患者には痩せている細長型の人が，てんかんの患者には筋肉質な闘士型が多いことを示し，それらの患者の病前性格に一定の特徴があることを見出しました。彼は，この結果を一般の人にも適用できるとし，パーソナリティの特徴を，躁うつ気質，分裂気質，粘着気質の3類型に分類しました（**表5.2**）。
　ユング（Jung, C. G.）は，心的エネルギーが向かう方向によって，パーソナリティを内向性と外向性という2つに分類しました。内向性の人は，興味や関心が自分の内面に向いており，自分の考えや主観をもとに行動する傾向があり，控えめでおとなしく，非社交的ですが，思考力や集中力があり，自分の意見をもち，頑固な一面もあるとされています。一方，外向性の人は，自分よりも外

CHART 表5.2 クレッチマーの類型論

体　型	肥　満　型	細　長　型	闘　士　型
気　質	躁うつ気質	分裂気質	粘着気質
性格特徴	社交的で親切，明朗で，ユーモアがある反面，激しやすい，気が弱いといった特徴も見られる	非社交的で静か，まじめ，神経質で敏感である反面，無関心で鈍感なところもある	几帳面で丁寧であり，粘り強さや頑固さがあるが，爆発することもある

（出所）詫摩ほか，1990をもとに作成。

的な事物や他者に関心が向いており，状況や他者を重視して行動する傾向があり，社交的で集団行動が得意で，行動的であり，周囲の意見や評価によって影響を受けやすいとされています。さらにユングは，これらの2類型の下位分類として，思考，感情，直観，感覚の4機能があるとし，各機能に外向性と内向性があり，**表5.3**のような8類型を示しました。

　上記のように，クレッチマーやユングのパーソナリティ理論に代表されるような，パーソナリティを一定の基準でいくつかのタイプに分ける方法を**類型論**といいます。タイプ分けをすることで，直感的にイメージしやすく，類型同士を比較したり，他者へ説明したりする際にも理解しやすいといえます。一方で，個人差のあるパーソナリティの多様な側面を数少ない類型に当てはめるには無理があり，中間型や混合型を考慮する必要が出てきます。また，細かい特徴やそれらの程度の差を捉えることが難しくなり，際立った特徴だけで判断し，ステレオタイプ的な見方をしてしまう可能性があります。そこで，個人の一定の行動傾向（特性）のさまざまな側面の強弱に注目し，その組み合わせとしてパーソナリティを捉える**特性論**という考え方が生まれました。特性論では，特性の強弱を数量的な差異で表すことができ，その人の細部にわたる特徴を把握し，プロフィールを作成することができます。しかし，特性の1つひとつに注目することで，特にその特性の種類が多すぎると，個人の全体像を直感的に捉えることが難しくなるという問題もあります。どの特性に注目するかによっても，得られるパーソナリティの側面が異なります。

　それでは，いくつくらいの特性があれば，私たちのパーソナリティをうまく記述することができるのでしょうか。パーソナリティ特性は膨大な数があることから，似たような特性をまとめることで，必要最低限の共通した要素である

CHART 表5.3 ユングの8類型とその典型的人物像

	内 向 性	外 向 性
思 考	興味が自分のなかに向いており，理想や主義をもっている ●大著をもつ学者	客観的な事柄を重視し，それをもとに合理的に判断する ●有能な弁護士
感 情	好き，嫌いという判断が自分のなかに明確にあり，自分の主観に従う ●謎めいた音楽家	周囲の状況に気を払い，他者と良好な関係を保とうとする ●人あしらいの上手な料亭の女将
直 観	自分の内面の無意識的な側面や可能性を感じ取るカンが鋭い ●詩人	外的状況から可能性を素早く見抜き，それが将来どう発展していくかを予測するのが得意 ●切れ者のエンジニア
感 覚	漠然とした印象から，静かで受動的に，ゆっくり自分で感覚を得る ●古代美術の権威	現実的な事物から，具体的に実際に自分が得ている感覚を重視する ●成功している実業家

（出所）山中，1989 をもとに作成。

CHART 表5.4 ビッグ・ファイブの5因子の特徴

因 子	特徴（下位次元）
神経症傾向	環境刺激やストレッサーに対して敏感に反応し，不安や緊張が強く，情緒不安定である （不安，敵意，抑うつ，自意識，衝動性，傷つきやすさ）
外 向 性	外界に積極的に働きかけ，社交的で活動的 （温かさ，群居性，断行性，活動性，刺激希求性，よい感情）
開 放 性	新しいことに好奇心をもって近づくことができ，豊かなイメージ力や思考力がある （空想，審美性，感情，行為，アイデア，価値）
協 調 性	他者と共感的に協調的に関係を結ぶことができる （信頼，実直さ，利他性，応諾，慎み深さ，優しさ）
誠 実 性	意志が強く，勤勉で，最後までやりぬくことができ，衝動のコントロールができている （コンピテンス，秩序，良心性，達成追求，自己鍛錬，慎重さ）

因子を抽出する因子分析という手法が用いられるようになりました。人の特徴を述べるためのパーソナリティの因子について，キャッテルは（Cattell, R. B.）16因子を提唱し，アイゼンク（Eysenck, H. J.）は3因子としました。近年は，コスタ（Costa, P. T., Jr.）やマクレー（McCrae, R. R.）などの多くの研究の蓄積から，ビッグ・ファイブ理論（**表5.4**）という5つの因子でパーソナリティを捉え

1 パーソナリティ理論 ● 53

> **Column ❷　血液型とパーソナリティの関係**
>
> 　本屋に行くと，多くの血液型性格診断の書籍があります。日常会話のなかでも，「○○さんはA型だから几帳面なのね。私は，O型だから，大雑把で片付けられないわ」など血液型とパーソナリティを結びつけられることがよくあり，多くの人が血液型とパーソナリティの関連を信じています。しかし，現時点で，血液型とパーソナリティの関連を示した科学的根拠は存在しません。それでは，なぜ，私たちは，血液型性格診断を信じてしまうのでしょうか。その理由を，心理学では，ラベリング効果やバーナム効果によって説明されています。
> 　ラベリング効果とは，ラベルがついていると，実際は異なっていたとしても，そのラベルにより判断をしてしまう現象です。例えば，一般的にAB型の性格とされている特徴を「O型の性格はこういう性格です」というラベルをつけてO型の人に見せると，自分に当てはまると判断してしまいます。つまり，私たちには実際のその人の性格とは関係なく，「××型はこういう性格です」というラベルによって判断してしまう心理的傾向があります。また，バーナム効果とは，「あなたの性格はこういう性格です」と曖昧で誰にでも当てはまるような一般的な特徴を言われると，「自分に当てはまっている」と思ってしまう現象です。
> 　つまり，几帳面や大雑把，自己中心的，二面性があるといった特徴は，誰にでも多少なり当てはまると感じてしまうのです。

る考え方が注目されるようになっています。

　ビッグ・ファイブ理論では，神経症傾向（Neuroticism），外向性（Extraversion），開放性（Openness），協調性（Agreeableness），誠実性（Conscientiousness）の5因子からパーソナリティを捉えており，さまざまな文化圏で確認されています。表5.4に5因子の特徴をまとめています。ビッグ・ファイブ理論は，これまでのパーソナリティ理論を整理した統合的な理論であり，心理学のみならず，脳機能や脳内の神経伝達物質といった生物学的な領域でも研究されており，パーソナリティの個人差や変化についての理解を深めることに役立っています。

パーソナリティはどのように発達するのか

　パーソナリティは，生まれつきもっている遺伝的要因と生後の環境のなかで得られた後天的な環境的要因によって影響を受け，それらの相互作用によって

CHART 表5.5 フロイトの精神性的発達論

年　齢	発達段階	特　徴
生後〜 1歳半	口唇期	授乳に伴って，吸う，飲み込むといった唇や口での快感を得る時期。適度な充足によって，基本的な信頼感を獲得するが，そうでない場合は，依存的なパーソナリティとなり，重篤な精神障害の基盤ともなる。
1歳半 〜3歳	肛門期	排泄時の肛門や尿道の感覚で快感を得る時期。トイレット・トレーニングにより，その快感をコントロールすることになる。トイレット・トレーニングが厳しくなされると，強迫的，几帳面，倹約的なパーソナリティとなる。
3歳〜 5歳	エディプス （男根）期	性器領域での快感を求める時期。異性の親に対して愛情を向け，異性の親からの拒絶を恐れ，同性の親に対してライバル心や敵意をもつ。しかし，これらの不安や罪悪感を同性の親に対して同一化を行うことで克服し心理的な発達を遂げる（エディプス・コンプレックス）。また，性役割も獲得していく。親からの拒否や罰への恐れや不安が解消されていないと，過度な自己主張や優越感の誇示，劣等感の強いパーソナリティとなる。
6〜 12歳	潜伏期	認知能力や身体能力の発達によって，性的な興奮ではなく，社会への興味が強まり，友人との関わりから多くのことを学習することになる。つまり，性的な欲求を社会的に容認される形に昇華していると考えられる。
思春期 以降	性器期	第2次性徴が始まり，成人に近い異性に対する愛情をもつようになり，次世代を育てる準備が整う。

形成されていきます。遺伝的要因の影響については，双生児の研究によって検討されています。遺伝的要因が同じ一卵性の双生児と，そうではない二卵性双生児を比較し，両者の差が大きいほど，遺伝の影響が大きいと考えられます。また，パーソナリティに影響する環境的要因としては，親子関係や養育態度，友人関係，そして社会や文化が挙げられます。親の養育態度が過保護的であれば，子どもは，依存的で自発性に乏しく，引っ込み思案になるかもしれません。また，同胞の有無や出生順位によっても，親の期待や接し方が異なり，ひとりっ子には，自己中心的で協調性や競争心が低い傾向があるといった，パーソナリティの違いがあるとされています。ただし，母親と父親での子どもへの関わり方に違いがあったり，各家庭がおかれている社会経済的状況も異なることから，親子関係と子どものパーソナリティの関連性を明確に見出すことは難しいといえます。

　パーソナリティの発達を段階的な質的変化として捉える理論に**フロイト**

CHART 表5.6 エリクソンの心理社会的発達理論

段階								
高齢期 60歳〜								統合 対 絶望
成人期 40〜60歳							世代性 対 停滞	
成人前期 20〜40歳						親密さ 対 孤立		
青年期 12〜20歳					アイデンティティ 対 アイデンティティ の拡散			
児童期 6〜12歳				勤勉 対 劣等感				
幼児後期 3〜6歳			自主性 対 罪悪感					
幼児前期 1.5〜3歳		自律性 対 恥, 疑惑						
乳児期 0〜1.5歳	基本的信頼 対 基本的不信							

(出所) エリクソン・エリクソン, 2001 をもとに作成。

(Freud, S.) の精神分析的な精神性的発達論 (**表5.5**) やエリクソン (Erikson, E. H.) の心理社会的発達理論 (**表5.6**) があります。フロイトは，心の発達について，リビドーと呼ばれる性的欲求である心的エネルギーを中心に論じました。子どもの頃にリビドーが満たされれば，次の発達段階に進むことができ，各発達段階でリビドーが適切に充足されなければ，成人しても残存し，心理不適応を生じさせるとしています。フロイトは潜伏期にはすでにその人のパーソナリティは形成されているとし，5歳頃までのリビドーの充足の有無がパーソナリティの基盤とされています。また，エリクソンは，生涯にわたるライフサイクルの各段階での発達課題をどのように乗り越えるかに焦点を当てパーソナリティの発達を説明しています。各発達段階で解決すべき課題とそれが失敗した場合の特徴を表5.6に示しています。このなかでエリクソンは特に思春期から

青年期にかけてアイデンティティ（自我同一性）を確立することを重視しました。

 感情や行動の規定要因としてのパーソナリティ

パーソナリティと感情，行動のつながり

　パーソナリティは，私たちの感情や行動と強く関連しています。例えば，ビッグ・ファイブ理論にあるような**神経症傾向**が高い人は，危険に対して敏感となり，危険を避けて慎重に行動します。また，不安や恐怖といったネガティブな感情をもちやすいことがわかっています。高い神経症傾向はうつ病や自殺の問題と関連しますが，一方で，神経症傾向が低いと，危険を過少評価してしまい，危険な行動をとる傾向が見られることになります。同じ状況におかれても，人によってそのときの感情や行動が異なるのは，パーソナリティが影響しているからといえます。

　うつ病に関連するパーソナリティも多く研究されています。その1つに**メランコリー親和型性格**があります。これは，几帳面で，秩序やルールを重視し，他者に献身的で，責任感が強いパーソナリティを指し，社会的に望ましい特徴がある一方で，他者に配慮するために自己主張ができず，融通がきかないために，ストレスが強まり，うつ病を招いてしまうと考えられています。また，うつ病になりやすい人には，EPISODE⑥のような共通する考え方があることもわかってきました。

EPISODE ⑥
失敗したり，誰かと意見が合わなかったりすると，「自分はダメな人間だ」「みんな私のことを嫌っている」と考えてしまい，気分も落ち込んでしまう。

CASE ⑤
サトウさんは，仕事で新しい部署に異動になり，これまで以上に熱心に働き，疲れていながらも夜遅くまで残業する毎日でした。なかなか思うように仕事

> で成果が出せない日々で，サトウさんは気分が落ち込むことが増えてきました。また，上司に書類の小さなミスを指摘された際には，「あぁ，なんて自分はダメなんだ。仕事のできないやつだと思われた。他の仕事もどうせうまくいかない」と考えて，さらに仕事が手につかなくなります。また，気分転換に友だちにメールをしたものの返事がないことについて，「こんなダメな自分だから嫌われているんだ。もう誰も自分と仲良くしてくれないだろう」と考え，孤独感が強まりました。そのうち，サトウさんは，気分の落ち込みや体のだるさから，仕事に行けなくなってしまいました。

　ベック（Beck, A. T.）は，自分（自分はダメな人間だ），世界（周りの人は自分を嫌っている），未来（この先いいことはない）に対するネガティブな考え方が抑うつと関連することを発見しました。また，このようなネガティブな考え方は，その人が幼い頃からの経験のなかで培ってきた信念や構えである**抑うつスキーマ**によって生じるとされています。例えば，「失敗をしてはいけない」「誰からも愛されなければならない」といった抑うつスキーマがあると，認知のゆがみ（第**12**章表**12.3**も参照）が生じ，失敗場面や対人葛藤場面といったストレス状況において，「失敗をした自分はダメな人間だ」「みんな私のことを嫌っている」と考えやすくなり，抑うつ気分を強めることになります。

　また，パーソナリティは病気と関連することも指摘されています。**タイプA行動パターン**と呼ばれるパーソナリティの人は，心臓疾患になりやすいとされています。タイプA行動パターンとは，競争的で功名心が強く，常に多くのことをこなし，時間に追われている傾向をいい，時にイライラしやすく，声を荒げたりすることもあります（**WORK⑪**参照）。このような人たちは，自らストレスの多い生活を送っているのにもかかわらず，そのことをあまり自覚していません。ストレスによって，血圧や脈拍といった循環器系に負荷がかかり，心臓疾患になりやすいとされています。また，近年では，心臓疾患に関連して，**タイプD行動パターン**が注目されています。タイプD行動パターンの人は，不安，抑うつ，怒りなどのネガティブな感情や考えをもちやすく，他者からの反感や非難を避けるために，社会的な場面でネガティブな感情を表現できない傾向があります。タイプA行動パターンもタイプD行動パターンも，心臓疾患のみならず，抑うつとの関連も指摘されています。その他に，免疫機能の低下や機能不全，ストレスホルモンの過剰分泌によって，がんの発症のリスク要因

として指摘されているパーソナリティに**タイプC行動パターン**があります。タイプC行動パターンには，自分よりも他者を優先し，決して不平不満を口にせず，怒りや不安といったネガティブな感情を抑圧し，過剰適応の傾向が見られます。感情抑圧の傾向が高い人は，慢性ストレス状態といえ，心身に悪影響を与えることが知られています。

> **WORK ⑪**
>
> **あなたのタイプA行動パターン傾向は？**
> 以下のタイプA行動パターンの特徴にあなたはいくつ当てはまるでしょうか。
> □ 仕事中心の生活をしている
> □ 何事も他者と競争してしまう
> □ せっかち
> □ 向上心が強く，負けず嫌い
> □ ちょっとしたことでもイライラしやすい
> □ 熱中しやすい
> □ 自分の仕事や行動に自信がある
> □ 責任感が強い
> □ 時間に追われていて忙しい
>
> 多くの項目に当てはまる場合は，タイプA行動パターンの傾向が高いといえます。自分の行動を振り返り，仕事の負担やストレスを緩和し，リラックスした時間を確保することも大切かもしれません。

適応的なパーソナリティとは

どのようなパーソナリティであれば，健康的で適応的な生活を送ることができるのでしょうか。

オルポート（Allport, G. W.）は，成熟したパーソナリティとして，自己感覚の拡大，他者と温かい関係をもつ，情緒的に安定している，現実をあるがまま知覚する，仕事に打ち込む，自分を客観化できる，長期的に人生で何かを成し遂げようという統一的な人生観をもつ，という特徴を挙げています。また，マズロー（Maslow, A. H.：第 **7** 章 INTRODUCTION も参照）は，適応的なパーソナリティの特徴として，「自己実現」をした人には，現実をありのままに認知し，自分や他者を受容し，自発性や自律性があり，仕事に熱中でき，目標を達成する経過を楽しむことができ，ユーモアがあり，他者と親密な対人関係を結べ，

創造的であるなどの特徴があるとしています。

　シュルツ（Schultz, D.）は，上記のようにさまざまな研究者が述べる適応的なパーソナリティの特徴をまとめています。彼によると，自分の生活を意識的にコントロールできること，自分を客観的に見ることができること，自分自身の運命を引き受けることができること，仕事に集中でき，目標や使命感をもっていること，創造的であること，自分自身のなかに内的緊張をつくり出そうとする意欲があることが適応的なパーソナリティとされています。

CHECK

- □1　クレッチマーやユングのようにパーソナリティをいくつかの典型的なタイプに分ける方法を（　　　）といいます。
- □2　特性論の考え方に基づいてパーソナリティを5因子で理解しようとする理論を（　　　）といいます。

さらに学びたい人のために　　　　　　　　　　　　　　　　　Bookguide

　小塩真司『はじめて学ぶパーソナリティ心理学――個性をめぐる冒険』ミネルヴァ書房，2010年

　ネトル，D.／竹内和世訳『パーソナリティを科学する――特性5因子であなたがわかる』白揚社，2009年

CHAPTER

第 6 章

発達・成長する心
発達の心理学

INTRODUCTION

　他者の視点を理解したり，心理状態を推察したりする能力のことを「心の理論」といいます。心の理論の有無を確認する課題の1つに，サリーとアン課題というものがあります。

サリーとアン課題（Frith, 1989 をもとに作成）

サリーは部屋に戻ってきました。サリーはぬいぐるみを見つけるためにどこを探すでしょう？

この章のねらい

① 乳幼児期から思春期にかけての定型発達を理解することで非定型発達（発達障害を含む）についての理解と支援につなげる
② そこから行動獲得や行動修正の具体的方法についてイメージをもつ
③ 適切な目標設定と，目標共有をしつつ援助ができるイメージをもつ

KEYWORDS

心の理論　感覚運動期　前操作期　第一次反抗期　具体的操作期
形式的操作期　喃語　語彙爆発　課題分析　チェイニング
プロンプト・フェイディング　愛着（アタッチメント）　視覚的選好
聴覚的選好　新生児模倣　新生児微笑　安全基地　ギャングエイジ
定型発達　非定型発達　発達障害　療育　母子分離
プリパレーション　知能指数（IQ）

1 「発達」から見えてくる，人の得意なこと，苦手なこと

知的な発達

> **QUESTION**
> 「子どもをほめましょう」といろいろなところでいわれていますが，どのようにほめたらいいのでしょう。

子どものほめ方としては,「すご〜い!」「1人でお片付けできてえらいね!」などと,いろいろな表現の方法があると思います。ここでは,発達の観点から,どのような発達段階のときに,どのようなほめ方が有効であるか,考えてみましょう。

　ピアジェ(Piaget, J.)は,知能や思考といった認知的発達について研究し,外界を認識するときの認知的な枠組みをシェマ(スキーマ)と名付けました。新しい対象を自分のシェマに合わせて理解する「同化」や,自分のシェマを修正する「調節」を行いつつ,さらに安定したものへとシェマを発展させる「均衡化」の過程が,発達であるとしました。このような認知的発達には,感覚運動期,前操作期,具体的操作期,形式的操作期,の4つの発達段階があることを示しました。

　誕生からおおよそ2歳前後までの**感覚運動期**は,五感を中心とした感覚や,身体を動かす運動によってさまざまな情報を収集する時期です。この①節の「言語の発達」の項で詳しくふれますが,言語を獲得する準備の段階にもあたります。赤ちゃんは目についたもの,手に触れたもの,なんでも口に入れてしまいます。みなさんの身の回りの製品にも,「乳幼児の手の届かないところへ……」と注意書きがされているのを見たことがあるはずです。これは,赤ちゃんが食いしん坊だから,というわけではなく,触れたり,見たり,なめたり,口に入れたりして,情報収集をしながら,経験値を積むために見られる行動です。感覚で物事を捉えているので,見えなくなったものはこの世からなくなってしまったと感じています。だから,お母さんがそばを離れると,すぐに泣いてしまうのです。

　2歳前後から6歳前後までを**前操作期**といいます。ピアジェは,理論的な,整合性のとれた思考ができる時期を操作期と呼びました。前操作期は,その前の段階ですから,言い換えれば,理論的で整合性のとれた思考がまだできない時期に当てはまります。その一方で,言葉も話せるようになり,コミュニケーションもとれるようになります。「イチゴが食べたい!」と言って駄々をこね,せっかく買ってきてあげても「いらない」と言うというような,**第一次反抗期**,俗にいうイヤイヤ期がちょうど前操作期に含まれます。反抗期,といっても,子どもには反抗しようとする意図があるわけではなく,自分でやりたい,まだ

遊びたい，などという欲求や意思が表出できるようになる時期です。その欲求と保護者の意図がぶつかるために，反抗しているように見られますが，このような経験を通して，我慢したり，他者の意図を理解したりする能力を身につけていくという点で，重要な時期といえます。

　6歳前後から11歳前後までを**具体的操作期**といいます。具体的なことに関しては理論的に考えることができますが，イメージなどの抽象的な概念の理解はまだ難しい時期です。「計算問題はできるけど，文章題になるとよくわからない，絵や図を描いて考えるとわかった！」という経験が多いのも，この時期です。具体的な思考ができることで，仲間関係などの概念も構築される時期なので，友だちとの遊びも増える一方，仲間外れが起きたり，悩みやストレスを感じ始めたりする時期にもなります。

　12歳以降を**形式的操作期**といい，大人と同様の思考の仕方ができるようになる時期といえます。「例えば」というようなたとえ話を聞いてイメージしたり仮定の話が理解できたりするような，抽象的思考が特徴的です。自己の概念も形成されるために，他者と比較して思い悩んだり，葛藤したりするような，第二次反抗期もこの時期です。

　さて，それぞれの発達段階の特徴をふまえると，どのようなほめ方が有効でしょうか。感覚運動期の子どもには，言葉でほめてもあまり伝わらなさそうですから，にっこり笑って，ぎゅっと抱きしめたり，くすぐったりして，ほめていることを伝えるのがよいでしょう。前操作期の子どもは，言葉でほめることが有効です。とはいえ，理論的に説明しても十分理解できませんから，短く簡潔にほめてあげるのがよいでしょう。具体的操作期の子どもには，具体的に何がよかったのかが伝わるように，ほめてあげましょう。形式的操作期の子どもには，くすぐったり，「すご～い！」とほめたり，具体的にほめたりしても，「バカにしてるの？」と冷たい反応が返ってくるかもしれません。大人と同格として扱い，認めたり，感謝の気持ちを伝えたりすることが，ほめることと同じような意味をもつようになるはずです。

　その他の発達に関する理論は**表6.1**にまとめてあります。

CHART 表6.1 発達に関する主な理論と提唱者

提唱者		提唱年	理論
ヴィゴツキー	(Vygotsky, L. S.)	1930年	最近接発達領域説
コールバーグ	(Kohlberg, L.)	1969年	道徳的発達段階説
ピアジェ	(Piajet, J.)	1970年	認知的発達理論
ハヴィーガースト	(Havighurst, R. J.)	1953年	発達課題
ボウルビィ	(Bowlby, J.)	1969年	愛着の発達

（注）・年号は代表的なもの。
　　　・フロイト，エリクソンについては第5章参照。

WORK⑫
この項の内容を参考に，発達段階に照らし合わせて「子どもがおもちゃを片付けないで遊んでいる」ときにどのように叱るか，どのように教えるか考えてみましょう。

言語の発達

　おそらくみなさんは，自分がどのように言葉を覚え，話ができるようになったのか，覚えていないはずです。生後間もなくから2カ月頃まで発することができるのは，ほとんどが泣き声で，たまに笑ってくれたりすると，保護者としてはとてもうれしくなります。4カ月頃になると「あー」「うー」といった**喃語**が出始め，6,7カ月頃になると「まんまんまん」「なんなんなん」といった反復喃語が出てくる頃です。10カ月頃には，興味のあるものを指さしして示しながら「あー」と声を出すなど，コミュニケーションが成立し始めます。1歳前後に初語が出始めますが，最初は単語だけの一語文（「ママ」「パパ」など）です。獲得した単語数が50程度となる1歳半頃から，「ママ，きてー」というような二語文が出始めると，一気に語彙数も増えていきます。この現象を**語彙爆発**と呼ぶように，爆発的に単語数が増えていき，おそらく保護者は「どこでそんなこと覚えたの？」という感覚と，コミュニケーションができる喜びを感じることになり，子どもに対する話しかけもいっそう増えるはずです。小学校に入るくらいには，実際に口から出る単語は2500語程度，頭で理解している単語は6000〜8000語程度といわれています。

　1歳6カ月児健康診査（以下，1歳半健診）は，子どもの発達の様子をさまざ

まな角度から確認します。発語もそのチェックポイントの1つです。1歳半の段階では，初語自体があるかどうかだけではなく，視線を合わせる，声に反応するなどのコミュニケーションがとれるか，聴力に問題はないか，身体全体として発達に遅れはないか，また，これらの状態に対して保護者が過度に不安を感じていないかなどをチェックし，必要に応じて，早期支援を勧める場合があります。1歳半健診では，心理士や看護師，医師などが，子ども自身の様子の観察や保護者が子どもに関わる様子の観察，保護者との面接などを総合的に判断したりします。

　1歳半健診の時点で初語が出ていない場合，言葉の遅れの可能性があります。言葉の遅れの背景には，早産や未熟児などの実際の成長の影響，子どもに適した刺激を受ける機会が少なかったなどの環境の影響，知的障害の影響などが挙げられます。第3章に書いたように，行動の後によいことが起こらないと，その行動は起こりにくくなります。言語の発達も同様のことがいえ，子どもが発語しても，周りの人が反応してくれなければ，子どもは発語しなくなってしまう可能性があります。そもそも，子どもが単語を覚えるのも，周りの人の発語を聞くのが最初のステップになります。

　また，このような環境の影響の他に，生まれつきの知的な遅れの影響で言葉が出にくい知的障害の子どももいます。そのような子どもを対象として，さまざまなトレーニングが行われています。このような方法は，吃音やどもりといった症状をもつ成人にも適用されています。

行動の発達

　私たちが行動すると，周囲の環境の変化が生じ，その変化によって，私たちも影響を受け，周囲の環境が変化します（第3章参照）。例えば，生後間もない乳児の場合，自分でできる行動（行動レパートリー）は極端に少なく，手足を動かす，泣く，おっぱいを吸う，などが代表的な行動レパートリーになるでしょうか。早いと2カ月くらいから身体をねじり始め，4カ月くらいで首がすわると，6カ月くらいから寝返りを打ち，7カ月くらいになると座位や「はいはい」ができるようになります。10カ月くらいでつかまり立ち，11カ月くらいで伝い歩き，12カ月くらいから，ひとり歩きできるようになり始めます。

このような行動の発達も，言語同様，自然に発達していくわけではありません。周囲の環境の変化，すなわち，お母さんの声かけだったり，ガラガラの音が聞こえたりすることに興味をもって，近づこうとすることで，身体を動かしながら，行動が獲得されていきます。

　服の着脱や食事，トイレなど，生活上必要な行動が自分でできるようになることを身辺自立といい，3～5歳くらいの幼児にとっての課題になります。例えば服を着ることを例にとれば，まず上着に頭を通し，右手と左手をそれぞれ袖に通して，裾を下ろして上着は完成。ズボンに右足，左足をそれぞれ通して，最後に引き上げて完成，といった流れになりますが，このように，1つの行動（服を着る）を細かい課題に分けることを**課題分析**といいます。また，それぞれ細かいステップを連続して行うことを教えるのを**チェイニング**といいます。最後の，ズボンを引き上げるところから教えるのを逆行性チェイニング，最初の頭を通すところから教えるのを順行性チェイニングといいます。子どもの特性や課題の難易度にもよりますが，一般的には，逆行性チェイニングのほうが，達成感が得られやすく，推奨されています。また，徐々に手助け（プロンプト）を減らしていくことを**プロンプト・フェイディング**といい，最終的には，手助けがゼロになることで，子どもが1人でできた，という状態が達成できます。

WORK ⓭　「歯磨きをする」という行動を課題分析してみましょう。

対人関係の発達

　子どもが，主に親などの重要な他者に対して感じる強い絆のことを**愛着**（アタッチメント：attachment）といいます。ボウルビィ（Bowlby, J.）は，生まれたばかりの乳児が，泣いたりしがみついたり笑ったりするというコミュニケーションを，母親（主たる養育者）とすることが，愛着の形成につながると考えました。この愛着という概念は，Column③で紹介している，ハーロー（Harlow, H. F.）のアカゲザルの実験とも関連しています。

　例えば，丸や四角などの図形よりも，人の顔を認識しやすいという**視覚的選好**や，機械音などよりも人の声に反応しやすいという**聴覚的選好**という能力を

> **Column ❸　ハーローのアカゲザル**
>
> 　愛着を育む要素として，スキンシップが重要であることを示した実験に，ハーローのアカゲザルの実験があります。ハーローは，生後間もないアカゲザルの赤ちゃんを母親から離し，やわらかい布製の人形と針金製の人形にそれぞれ授乳用の哺乳瓶をとりつけ，どちらの人形に愛着を示すか，という実験をしました。結果はもちろん，やわらかい布製の人形に対して愛着をもち，針金製の人形には近づこうとしなかったり，むしろ避けたりするようになったそうです。このことから，ハーローは，愛着には授乳などによる欲求充足よりも，「やわらかい感触・接触」によって形成される，すなわちスキンシップが重要であることを指摘しました。

保持していることも，母親を中心とする他者と関わるために備わっている，生得的な行動といわれています。同様に，他人の表情を真似する**新生児模倣**や他者に笑いかける**新生児微笑**というような，相手に対して好意をもってもらう，あるいは守ってもらうための反応も生得的に身につけています。

　愛着が形成される時期として，乳児は，生後3，4カ月頃から，母親（主たる養育者）を特別な存在であると認識するといわれています。もちろん，時間が経てば自然に愛着が形成されるわけではなく，乳児が泣くと，母親が飛んできて，あやしたり，ミルクをくれたり，おむつを交換してくれたりするという母親側の反応が正しく引き起こされることによって，母子間の愛着が形成されていくと考えられています。

　ハイハイや伝い歩きができるようになると，乳児自身が新たな刺激にふれるようになります。これは楽しさやおもしろさを得る機会が増えると同時に，母親と離れる不安（分離不安）を感じる機会も増えていきます。このとき，適切な愛着が形成されていれば，母親を**安全基地**として，母親から一時的に離れて探索行動を行ったり，安全基地である母親のもとに戻ったりを繰り返すようになります。

　保育園や幼稚園に入ると，集団生活の時間が増え，遊びもひとり遊びから仲間遊びへと発展していきます。小学校中学年から高学年ぐらいになると，ギャングエイジと呼ばれる同年代の閉鎖的な集団をつくって遊びや行動を楽しむよ

うになります。その集団だけの特別なルールなどが存在し，それを守ることは社会規範に対する理解や社会的スキルの獲得へとつながっていきます（第 8 章参照）。

 発達をふまえた成長促進のための支援

子どものライフステージと多領域からの支援

　第 1 節で紹介してきたような，一般的な発達を**定型発達**と呼ぶのに対して，発達障害など，何らかの遅れが認められる発達を**非定型発達**と呼びます。**発達障害**とは，主に先天性の脳機能障害などによって，乳幼児期に生じる発達の遅れを指します。

　ちなみによくある誤解として，発達障害と知的障害を同じものとして混同されがちですが，発達障害に，知的障害や精神疾患を伴う場合もありますが，発達障害イコール知的障害とはいえないことに注意が必要です。

　主に非定型発達によって生じる問題については，早期対応が重要であり，**療育**という形で，子どもの特徴に合わせたトレーニングが，子どもと保護者を対象に行われています。その早期対応のための子どもの様子の確認の場の 1 つが 1 歳半健診や 3 歳児健診になります。「発達障害」「知的障害」と聞くと，「自分の子どもは普通のことも満足にできない」と思い込んでしまって強くショックを受けたり，不安になってしまったりする保護者がほとんどです。そのような誤解を解き，正しい知識と子どもへの関わり方を習得してもらうために，保護者も対象として支援が行われます。人は誰にでも得意不得意があり，発達障害の人たちはその特徴が顕著であるにすぎないという言い方ができるのかもしれません。視力の弱い人がメガネをかけ，書字が苦手な人がパソコンを使うように，子どもの苦手なことを早めに知り，適切なトレーニングでその分野の能力を伸ばすための早期対応が大切です。発達の遅れを気にしている保護者に対しては，地域の保健センターや小児科の先生に相談することを促してみるとよいかもしれません。特に第 1 子の場合には，はじめての経験に対して，不安を

募らせている保護者も多いはずです。強く相談や受診を勧めるというよりも、「買い物ついでに気軽に立ち寄る気持ちで、保健センターまでお散歩してみたら」と、できるだけ負担を減らすような声かけをすることをお勧めします。

児童期になると、発達に遅れのある子どもは、通常学級に行くか、特別支援学級に行くか、特別支援学校に行くかなど、大きな選択を迫られるかもしれません。ここでもやはり、「特別支援」や「障害」のイメージからか、どうしても特別支援学級に抵抗のある保護者が多いようです。通常学級にも特別支援学級にも、それぞれ教育上の得意不得意がありますので、何を目標に学校生活を送るかを家族で考え、その子の力を伸ばす環境としてどちらのほうがより適切なのか、あるいはそれ以前に、どんな力を伸ばしたいのかを考える機会を対人援助者が提供することが重要だといえます。

小学校に入ると、勉強と友だち関係が2大悩み事になるでしょうか。勉強へのモチベーションについては第7章、友だちとのコミュニケーションについては第8章で詳しくふれますが、共通しているポイントは、悩みを1人で抱えさせないということです。学校には週1から月1程度、スクールカウンセラーが来ていますし、スクールカウンセラーだけではなく、担任の先生、養護教諭、校長、前の担任の先生など、たくさんの相談相手がいます。担任の先生に最初に必ず話をしなければいけないわけではなく、話しかけやすい先生に話しかけるという選択肢を、子どもや保護者にもってもらうことも、1つの方法です。

小学校高学年から中学校のいわゆる思春期は、身体も心も大きく変化する時期です。例えば、これまでは子どもにとっての一番の話し相手、相談相手は母親であることが多かったのが、小学校高学年頃になると、それが徐々に友だちへと移行していきます。保護者からするとなんとなくさびしいですし、反抗期の子どもからは、小さかった頃には考えられないような言葉をぶつけられてしまうこともあるでしょう。でも、「そういうものだ」という心の準備が必要になるかもしれません。「**母子分離**」という言葉のように、少しずつ母と子の関係について距離をおいて見つめるようになるこの時期は、常に一緒にいなくても、なんでも話し合わなくても、お互いのことを大事にできる、新しい親子関係を構築する練習段階といえるかもしれません。そんなときこそ、夫婦で親子

の時間の使い方を考え直すような相談をする機会を対人援助者が提案してみることも大事になるでしょう。

子ども支援における支援者側の留意点

　母子分離についてふれましたが，保育や医療の場でも，母子分離は大きな課題です。保護者の仕事の都合などの関係で，通常の年齢よりも早く保育園に通う子どもは，特に通園初期には必ず「行きたくない」と言って泣くでしょう。同じように，病気などで幼い頃から入院のために保護者と離れて夜を過ごさざるをえない子どももいるでしょう。そのようなとき，特に通園や入院の初日は，できる限り時間に余裕をもって，子どもの不安がある程度下がるまで，ゆったりした気持ちで時間を過ごせるよう，準備したいものです。

　また，日頃から保護者と離れることに不安を感じやすい子どもをもつ保護者は，あらかじめ保育士や看護師にその旨を相談するとともに，普段泣いたりパニックになったときに，どうすると落ち着くのか，泣いても興味を示すおもちゃやお菓子，本やTVなどはあるか，などの情報を彼らと共有しておくとよいでしょう。保育士や看護師は，できる限り子どものペースに合わせ，呼吸が整うように一緒に深呼吸をしたり，幼児や年少の子どもの場合には抱っこして優しく背中をトントン叩いてあげるとよいかもしれません。

　また，手術や注射などは，大人でも怖いですし，不安も感じます。物理的な痛みもありますし，手術というよくわからないものに対する不安もあります。医療機関では，**プリパレーション**といって，あらかじめ手術室を見学したり，医療機器や医療器具を見せたり触ったりして，説明するような手続きを用いる場合があります。お医者さんごっこのように，人形を使って子どもに手術の手続きを知ってもらうようなことも行っている場合があります。手術当日も，少し早めに病院に行って心を落ち着かせたり，お気に入りの人形やおもちゃで遊んだりするのもいいでしょう。子どもは大人に比べて心の準備に時間がかかるので，焦らず，また無理やりにならないよう，時間の余裕が必要になるはずです。

3 発達のかたよりがある人への理解と支援

知的発達の理解

> **QUESTION**
> TVのクイズ番組などを見ていると,「あの人頭いいよね〜」と,思うことがあるのではないでしょうか。そのときの「頭のよさ」とは,何を指しているのでしょうか。

「頭のよさ」とは単に学力や知識量の話ではなく,物事の処理能力や発想力など,通常のいわゆるテストだけでは測定しきれない能力も含んでいるはずです。心理学では,人の能力を**知能指数**(IQ：Intelligence Quotient)という指標を用いて表しています。知能指数を測定する方法はいくつかありますが,心理臨床場面で多く用いられる知能検査の1つにウェクスラー式知能検査があり,特に子ども向けのWISCと成人向けのWAISは頻繁に用いられています(2016年現在,WISC-IVとWAIS-IIIが最新版ですが定期的にバージョンアップされています)。

ウェクスラー式の知能検査はIQ = 100を中心に,85〜115の間に約68%の人が入ると想定されています(プリフィテラほか,2012)。おおむね,80未満であれば知的な能力が低い可能性があり,120以上であれば知的な能力が高い可能性があります。また,IQが100の人が複数いた場合,まったく同じ能力を有しているという意味ではなく,例えば言語理解能力が高いが処理能力は低い人や,数学的な理解能力は高いが国語的な理解能力が低い人など,一般の人のなかでも能力のばらつきが見られることが多いです。これは,例えばテストで5教科合計400点の人が複数いても,国語や英語など1つひとつのテストの点数はそれぞればらばらなのと似ているかもしれません。

IQを理解する際に重要なことは,単純にIQの数値がいくつか,ということだけではなく,その人にとって何が得意で何が不得意なのか,さらには不得意な部分を得意な能力や身の回りのツールを用いてカバーできるかどうかを検討することです。例えば,視覚的な理解が苦手な人は,言語での情報提供を求め

たり，視覚情報をデジカメやスマホで撮影することの許可を得られるよう働きかけるコミュニケーション能力を身につけることが必要になるでしょう。聴覚的な理解が苦手な人は，ICレコーダーの使用が理解の補助になるかもしれません。このように，得意不得意を明らかにするだけでは不十分であり，その後の支援につなげることが，知能検査の大きな目的となっています。もちろん，苦手なところをカバーするだけではなく，得意なところを伸ばすための具体的な方法も検討することが重要です。

知的障害の理解と支援

知的障害（ID：Intellectual Disability）は，先のIQでいえば，70〜80くらいが知的障害と健常者の境界であり，70未満であれば，知的障害の可能性が高いと考えられています。文部科学省は，知的障害を「記憶，推理，判断などの知的機能の発達に有意な遅れが見られ，社会生活などへの適応が難しい状態」と説明しています。

知的障害は，単に勉強などの能力だけではなく，運動などの能力の低さも特徴としてあります。障害の程度が重い場合には，発語や書字，読字にも困難を抱いている場合があります。学校では，通常学級での生活は困難であり，特別支援学級や，特別支援学校に在籍することが多いでしょう。そこでは，個別の支援計画が立案され，小学校や中学校をどう過ごすか，だけではなく，将来どのようにして生きていくか，というところまで念頭に置きながら，教育や支援が行われます。あわせて必要なのは保護者の支援です。保護者には，自分が先に亡くなったら子どもはどうやって生きていくのか，ということを，早期のうちに心配している人も少なくありません。適宜，行政などの支援窓口を紹介しつつ保護者の不安に寄り添って，あまり急ぎ足にならないようにも気をつけながら，支援を行う必要があります。

医療機関等でこのような傾向をもつ患者さんを支援する際には，例えば服薬の量や回数，種類などを正しく認識しているかなどに十分に注意が必要になります。表面的な言葉の理解と，本質的な理解に差があることを想定しながら，「わかりました」という返事をうのみにせずに，丁寧に確認することが必要になります。場合によっては，実際にどのように服薬するのか練習させてみたり，

種類や回数を間違えないよう絵や写真で示したり，薬袋を細かく分けるなどの対応が必要になることもあるはずです。

知的な遅れの認められない発達障害の理解と支援

EPISODE ⑦

あるお母さんが言いました。「うちの子，字を書いたり読んだりはできるんだけど，計算がまったくできないのよ〜。数字が，全部○とか×とかの記号に見えちゃって，頭に入ってこないんですって。そんなこと，あるのかしらね。九九みたいに，「ににんがし」って，言葉で覚えるのはできるんだけど，それだけじゃあね〜」

　知的障害に対して，知的な遅れは認められないものの，発達上の障害を抱える方々がいます。自閉スペクトラム症（ASD：Autism Spectrum Disorder），注意欠如・多動症（AD/HD：Attention-Deficit/Hyperactivity Disorder），限局性学習症（SLD：Specific Learning Disorder）などが該当します。DSM-5（精神疾患の診断・統計マニュアル 第5版）の基準に基づくと，自閉スペクトラム症の特徴としては，他者の視点や心情を理解したり，察することが苦手であるなど社会的なコミュニケーションなどにつまずきを抱えていることや，特定の物や活動へのこだわりなどが特徴として挙げられています（American Psychiatric Association, 2013）。INTRODUCTIONのサリーとアン課題でいえば，定型発達児では4歳程度になると，「かごのなかを探す」と正しく答えられるといわれています。その一方で，他者の視点を理解するのが苦手な自閉スペクトラム症の人では，約80％が「箱を探す」と答えるという報告があります。注意欠如・多動症は，不注意，多動性および衝動性のいずれか，あるいは複数の特徴をもつことが診断基準となっています。また，限局性学習症は，読字，書字，数字の概念などのいくつかの側面で困難を抱えているという特徴があります。

　これらの発達障害に対する支援として重要なのは，どんなことが苦手かということに加えて，何ができるか，何が得意かを丁寧に整理することが挙げられます。障害の特徴として，苦手な部分はどうしてもあるとはいえ，一般の人たちも必ず得意不得意がありますから，その苦手な部分の差が大きい，と考えるとよいかもしれません。私たちも苦手な部分は得意な部分でカバーしたり，さまざまな支援を受けて生活したりしていることも少なくないでしょう。

具体的な支援を行う場合には，疾患名や障害名で理解するのではなく，「苦手な行動リスト」「得意な行動リスト」をそれぞれつくりながら，問題を整理し，支援にあたることがとても有効です。特に学校現場では，診断がついているかどうか，どのような診断名かに先生方の意識が過度に向いてしまうこともあるかもしれませんが，そもそも同じ診断名がついても，状態像がずいぶん異なる場合も多いので，丁寧に聞き取ることが大事です。「風邪」とひと言にいっても，熱が出たり，のどが痛かったり，鼻水が出たり，さまざまな症状であるのと同様に，発達上の障害も1つひとつ整理して理解することが必要です。

WORK ⑭
EPISODE ⑦のお母さんの悩みを整理して，「苦手な行動リスト」と「得意な行動リスト」をつくってみましょう。

CHECK
- □ 1　ピアジェの認知的発達理論では，感覚運動期，前操作期，(　　　)，形式的操作期の，4つの発達段階があることが指摘されている。
- □ 2　子どもが，主に親などの重要な他者に対して感じる強い絆のことを(　　　)という。
- □ 3　社会的なコミュニケーションなどへのつまずきや，物や活動へのこだわりなどの特徴がある発達障害を(　　　)という。

さらに学びたい人のために　　　　　　　　　　　　　　　　　　　Bookguide
尾形和男編著『発達と学習の心理学』田研出版，2013年
井上雅彦・小笠原恵・平澤紀子『8つの視点でうまくいく！発達障害のある子のABAケーススタディ——アセスメントからアプローチへつなぐコツ』中央法規出版，2013年
佐々木和義監修／小関俊祐・石原廣保・池田浩之編著『認知行動療法を生かした発達障害児・者への支援——就学前から就学時，就労まで』ジアース教育新社，2016年

CHAPTER 7

第 **7** 章

活動の原動力としての心

モチベーションの心理学

INTRODUCTION

　マズロー（Maslow, A. H.）は，人間の欲求は下図のように5段階のピラミッドのように構成されており，低階層の欲求が充たされると，より高次の階層の欲求を欲するという**欲求階層説**を提唱しました。これに基づけば，一度満たされた欲求は，次のモチベーションにはなりにくく，より高次の欲求を設定しないと，モチベーションの維持や，さらなる向上は難しいことを示しています。自分はなんのために頑張っているのだろう，とふと思うことがあれば，欲求階層説の図を思い出してみて，新たな目標の設定をすることもよいかもしれません。

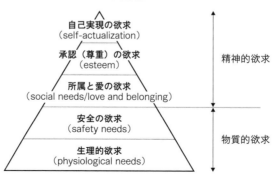

マズローの欲求階層説

この章のねらい

① 被援助者のモチベーションをどのように高め，維持するのかということの，具体的方法についてイメージをもつ
② 刺激を操作するということのイメージをもち，被援助者や自身の行動をマネジメントするという観点を理解する
③ 援助者自身のモチベーションを高める工夫（心理教育的要素）について考える

KEYWORDS

欲求階層説　内発的動機づけ　外発的動機づけ　社会的賞賛　強化価
強化スケジュール　飽和化　心理的リアクタンス　目標設定
セルフ・モニタリング　セルフ・フィードバック　期待理論
ピグマリオン効果　セルフ・コントロール　自己効力感

1 活動の原動力

QUESTION
みなさんにとって，やる気に満ち溢れている状況はどんなときでしょうか。

　多くのみなさんは，とても大事な課題なのに，なかなかやる気が起こらない，頑張ろうとはするのだけど，なかなか手が進まない，という経験をしたことがあるのではないでしょうか。その一方で，いろいろなことがうまくいく，どんどん調子がよくなるといった経験もあるはずです。この章では，やる気上昇の仕組みについて考えることで，対人援助職をめざすみなさんのやる気の向上，あるいは，みなさんが支援する人々のやる気が向上するような援助の工夫について考えてみたいと思います。

趣味と課題の違いについて

EPISODE ⑧

> あるお母さんは，いつも子どもに「テストで○点とったら○○買ってあげる」と言ってしまう。「物でつるみたいに，頑張ったらごほうびって，いいのかしら？」と言っている。

　みなさんは，自由にしていい，好きなことをしていいと言われたら，何をしますか。誰かに指示されなくても，自ら進んで行う活動はなんでしょう。それらの活動には，どんな特徴があるでしょうか。行動や活動の理由を考える概念としてモチベーション（motivation）というものがあり，「動機づけ」とも呼ばれています。モチベーションは，行動を引き起こしたり，維持させたりする機能の全般を指しています（赤井，1999）。そのため，モチベーションが高まると，やる気が生まれてくる，という関係性があります。対人援助職に就きたい！というモチベーションがあるために，勉強を頑張ろうというやる気が起こる，というわけです。

　みなさんのなかには，部活やサークルに入って定期的にスポーツや趣味にふれている人もいるでしょう。しかし，なかには，それが長続きしなかったり，部活も引退前にやめてしまう人もいるかもしれません。趣味のような，誰かにやれと言われるわけでもなく，自然とそれをやりたいと思う気持ちのことを，**内発的動機づけ**といいます。身体の内側から湧き上がってくるモチベーション，ということです。当然ながら，何に対して内発的動機づけが高まるかは，人によって違います。

　一方，例えば勉強のように，本当であればやりたくない，やらないですむならしたくないことも，頑張ったら親や友だち，先生がほめてくれるから頑張ろう，やってみようと思う気持ちのことを**外発的動機づけ**といいます。

　何か新しいことにチャレンジし，そのための努力を引き出すために，外発的動機づけを高めるごほうびを活用することは，決して悪いことではないと思います。しかしながら，いつまでもごほうびをあげ続けるのはあまりお勧めできません。外発的動機づけにつながるようなごほうびの効果にも，限界はあります。実際には，外発的動機づけは行動に向かうきっかけにすぎず，行動の維持

には内発的動機づけが必要になります。内発的動機づけを高めるために，ごほうびだけではなく，頑張ったね，できたね，問題が解けてよかったね，という声かけ（社会的賞賛）を一緒に提示し，内発的動機づけを刺激します。その後，徐々にごほうびを減らし，社会的賞賛のみで強化することが理想的です（強化については第3章参照）。そのためには，ごほうびも減らしやすいように，すぐになくなるようなお菓子や遊びの経験のほうが，一度得たらなくならないゲームやマンガよりもお勧めです。

行動が生まれる仕組み

> **QUESTION**
> みなさんが何かお手伝いをしてお礼をもらうとしたら，1万円とペットボトルの水，どちらがうれしいでしょうか。

　人によってうれしいごほうびは違います。ゲームがうれしい子もいれば，ゲームよりもお菓子がうれしい子もいます。このように，行動のエネルギーとなるごほうびの価値のことを**強化価**といいます。人によって，1つのものに対する強化価は異なりますし，1人の人間でも状況によって，強化価は変わります。多くの人は1万円とペットボトルの水であれば，1万円のほうが，強化価が高いでしょう。しかし，1週間砂漠でさまよっている状況であれば，おそらく水のほうが強化価は高くなるはずです。

　うまくごほうびを活用するためには，ごほうびをあげる頻度が重要です。頑張ったことに対し，常にごほうびをあげていると，ごほうびを減らしにくくなってしまいます。むしろランダムに，たまにごほうびをあげるくらいのほうが，頑張る行動は維持しやすいといわれています。このような，ごほうび（強化子）を提示するタイミングのことを**強化スケジュール**といいます。

　また，ごほうびをあげる頻度や回数も大切です。例えば，多くの子どもにとってお菓子はごほうびになりえますが，仮に友だちの家でお菓子をたくさん食べた後では，お菓子の強化価は普段よりも低くなります。これを**飽和化**といって，要は普段はうれしいごほうびも，そればかりだったり，すでに十分手に入れていれば飽きてしまうということです。ごほうびの設定は，子どもも親

も楽しく遊び心をもって行うことが大事です。

 上手なやる気の高め方

環境へアプローチする

　第3章で書いたとおり，特定の行動が起こりやすい環境，起こりにくい環境が存在します。やる気を高めるには，やる気が高まる環境を設定すること（確率操作）が重要です。ここでいう環境というのは，緑が多い，とか工場が多くて住みにくい地域だというようないわゆる物質的な環境だけではなく，周りに誰か他の人がいるか，その人は自分に対してどのような刺激を提示してくるか，などの行動に影響を及ぼす要素のことです。例えば，1人のほうがやる気が高まる人は，家や図書館の自習室のような場所に行くことがやる気を高める操作になるはずです。一方友だちなど誰かが一緒のほうがやる気が高まる人は，積極的に友だちを誘うことがやる気を高める操作になりそうです。このように，人によってどのような環境が適しているかは，ばらつきがあります。自分のことをよく知ることで，やる気自体も操作することが可能になりますし，他者を援助するとしたら，相手がどのような環境でやる気が高まるのか力を発揮しやすいのか，情報を整理することも大事になります。

EPISODE ⑨

　小学生や中学生の頃，勉強しようとしたときに限って，親に「勉強しなさい」と言われて，よく一気にやる気をなくしていた。

　人は，自分の行動は自分で決めたいという欲求があります。それを阻害されると，不満や葛藤を抱きやすくなってしまいます。このような現象を**心理的リアクタンス**といいます。心理的リアクタンスの出現は，モチベーションの低下につながってしまいますので，うまく環境を調整しましょう。子どもの保護者に対しては，あまり細かく指示を出さないように伝えるとか，どうしても指示を出さざるをえないときには，複数の選択肢を提示して，子ども自身に選ばせるような工夫を提案してみましょう。

> **WORK ⑮** 子どもに勉強を促したいという場面で，心理的リアクタンスを生じさせず，モチベーションを高めるための選択肢の提示の仕方を考えてみましょう。

目標をうまく調整する

　やる気を高めるためには，適切な**目標設定**も大事です。高すぎる目標設定は挫折につながりやすくなりますし，低すぎる目標設定では，パフォーマンスの担保につながりにくくなってしまいます。行動の維持には，目標とする行動を設定し，どの程度行動が遂行できたかを数値化して，それをグラフにして振り返る手続き（Wallace, 1977）などが有効であるとされています。

　自分の行動や感情，あるいは思考を整理し記録する方法の1つに，**セルフ・モニタリング**というものがあります。文字どおり，自己観察，自分で自分を観察し，記録する方法です。日記なども，大きな意味では，セルフ・モニタリングに含まれるでしょう。セルフ・モニタリングのいいところは，自分で自分を観察し，記録するわけですから，プライベートな部分，例えば夜何時に寝て朝何時に起きたか，休日どのような過ごし方をしたか，などの情報も整理することが可能になる点が挙げられます。セルフ・モニタリングを活用することで，自分の生活スタイルを見直し，例えば空いた時間にキャリアアップのための習い事や健康維持増進のためのジムに通ってみるなどの新たな行動へつなげることが可能です。このような手続きを用いることで，自分のモチベーションが高まる環境を設定したり，やる気が下がる状況を回避することができる人は，3節で述べるセルフ・コントロールが上手な人といえるでしょう。その際，何か頑張ったときには，自分に対するごほうびも，行動を維持するためには必要なことです。自分で自分の行動を振り返り，内省を促す手続きを**セルフ・フィードバック**といいます。

　また，人は目標達成のゴールが明確で，達成した目標の成果が魅力的な場合に，モチベーションが高まるということが指摘されています。**期待理論**という考え方では，「モチベーション＝努力×成果×報酬の魅力」という式が提唱されています。掛け算ですので，努力，成果，報酬の魅力のうち，どれかがゼロ

> **Column ❹　ピグマリオン効果**
>
> 　ある実験で，成績の優秀な集団と成績の悪い集団の2つを設定し，優秀な集団を担当する指導者に対しては，「あなたの担当するのは成績の悪い生徒たちです」と，成績の悪い集団を担当する指導者に対しては，「あなたの担当するのは優秀な生徒たちです」と，それぞれ逆のことを言って担当させました。すると，「もともと成績の良かった生徒達のクラス」の成績は下がってしまった一方で，「もともと成績の悪かった生徒達のクラス」の成績は上がるという結果が導かれました。このことから，指導者の期待に応じて指導者の働きかけが変わり，そのことによって生徒の成績が変化しうることが実証されました。

の場合には，モチベーションもゼロになってしまいます。逆にいえば，努力や成果，報酬の魅力を高めるような目標を設定すると，モチベーションが高まりますし，3つの要素のうち，どれか1つに焦点を当てるだけで，モチベーションに影響を及ぼすと考えられています。

　対人援助者のモチベーションを高める工夫

感情や行動をうまくコントロールする

　高いモチベーションをもって取り組むことが，対人援助者にとってはもちろん，被援助者にとってもポジティブな結果に結びつくことになります。そのような意味でも，対人援助者は，自分で自分の気持ちや行動をうまくコントロールすることが必要になります。この，自分の気持ちや行動を自分でコントロールすることを**セルフ・コントロール**といいます。上手なセルフ・コントロールを行うためには，まず先に述べたセルフ・モニタリングを行うなどして自分自身をよく知る必要があります。自分がリラックスできるのはどんなときで，どうすると気持ちが楽になるのかを知っておけば，そのような状況をつくることがセルフ・コントロールにつながります。

結果ではなく行動を評価する

　上手にセルフ・コントロールができて，やる気が高まったら，先ほど述べたように高すぎず低すぎない適切な目標設定をしたいものです。資格をとってキャリアアップをめざしたり，就職を目標としている人もいるでしょう。このとき，モチベーションを維持する目標達成のコツは，うまくいったかどうかという結果ではなく，行動したかどうかのプロセスに焦点を当てて評価する，ということです。テスト勉強やダイエットなどもそうですが，成績が伸びたり体重が減っているときはモチベーションが高まりますが，成果が上がらないと，やる気は一気に下がってしまいます。それを避けるためにも，結果はまずおまけと考え，1回1回の結果に一喜一憂しすぎないで，目標とした行動を実行したかどうかで評価していきましょう。うまくいかないときの分析ではなく，うまくいったときの分析をするという観点が重要です。

WORK⓰ うまくいったときの分析を行うことのメリットには，どのようなものがあるでしょうか。考えてみましょう。

　うまくいったときの分析を重視する理由は複数あります。1つは，できたこと，うまくいったことに着目することで，その取り組みを実行するという自信がつく点にあります。人は，課題などにチャレンジするときに，その課題を実行可能か不可能か，判断する傾向にあります。その際の，実際にできそうかどうかという確信の程度を**自己効力感**（self efficacy）といいます。自己効力感が高い人は，新しい課題に対しても，「できそうだ！」という自信をもって取り組むため，課題を成功する可能性も高まります。そうすると，成功体験から，ますます自己効力感は高まるので，高いモチベーションを維持しやすくなります。このように，自己効力感を高めるための要素には，①自分でできた，という達成体験，②誰かができたのだから自分もできる，という代理体験，③励ましや応援，信頼などを伝えられるという，言語的説得，④お酒などによって気分が高まる生理的情緒的高揚，の4つの要素が挙げられています。

> **WORK⑰**
> あなたが援助者として関わる人の自己効力感を高めるとしたら，どのような関わりができるでしょうか。考えてみましょう。

よい人間関係を築く

　ここまで，モチベーション維持について述べてきましたが，自分ひとりでモチベーションを維持し続けるのは大変です。そのためにも，自分の頑張りを認めてくれたり，あるいは調子の良いときも悪いときもあまり変わらずにそばにいてくれたり，自分を認めてくれたりする仲間の存在はとても大事になります。これは同僚や同業者である必要はなく，例えばジムや居酒屋でよく会う人でもいいわけです。例えば，研修会に参加してみるというのもよいかもしれません。お勧めは，5年後，10年後の自分のこうなりたいという姿と似ている状況の，ちょっと上の先輩などがいいモデルになるかもしれません。SNSなどでもいいですが，対人援助をする身としては，リアルな付き合いも大事にしたいところです。

CHECK

☐ 1　「期待理論」では，「モチベーション＝努力×（　　　）×報酬の魅力」という式が提唱されている。

☐ 2　自分で自分の行動を振り返り，内省を促す手続きを（　　　）という。

☐ 3　課題などにチャレンジするときの，実際にできそうかどうかという確信の程度を（　　　）という。

さらに学びたい人のために　　　　　　　　　　　　　　　　**Bookguide**

　鹿毛雅治編『モティベーションをまなぶ12の理論──ゼロからわかる「やる気の心理学」入門！』金剛出版，2012年

　外山美樹『行動を起こし，持続する力──モチベーションの心理学』新曜社，2011年

3　対人援助者のモチベーションを高める工夫

CHAPTER 8

第8章

他者と交わる心
対人コミュニケーションの心理学

INTRODUCTION

最近では，対面でのコミュニケーションだけでなく，メールやソーシャル・ネットワーキング・サービス（SNS）などを使った非対面のコミュニケーションも増えています。研究では，下図のように，顔文字のついたメッセージのほうが，それらがないものよりも，不安や悲しみといったネガティブな感情を和らげることがわかっています（荒川ほか，2006）。このことから，コミュニケーションにおいては，言葉だけでなく，表情や感情も重要な要素だといえます。

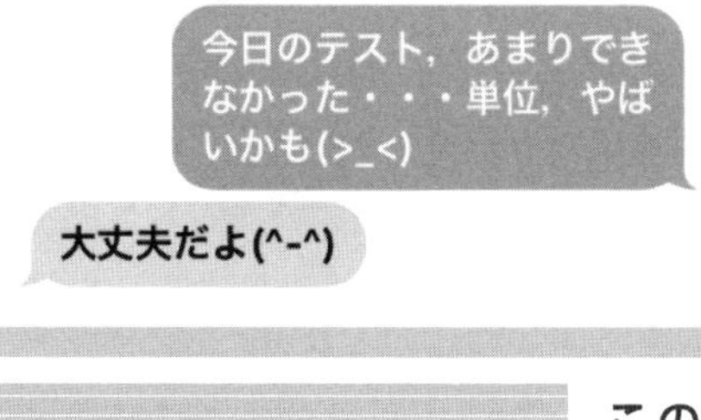

> 今日のテスト，あまりできなかった・・・単位，やばいかも(>_<)

> 大丈夫だよ(^-^)

この章のねらい

① 人と人との関係において欠かせない「コミュニケーション」の心理学について理解を深める
② 日常生活において円滑な人間関係を築くために必要なコミュニケー

ションの技術（社会的スキル，自己開示，アサーションなど）について知る
③ それらを，援助の対象となる人たちや，一緒に働く人たちとの組織・集団に応用できるようになる

KEYWORDS

コミュニケーション　記号化　情報化　社会的スキル　自己開示
アサーション　援助要請行動　被援助志向性　転移　逆転移

1 相手とよい関係を始めるためには

コミュニケーションとは

QUESTION
あなたは人とのコミュニケーションが得意なほうですか，苦手なほうですか。苦手なところがあるならば，それはどこでしょう？

　対人援助において，援助の対象となる人たちと良好な関係を築く上で，非常に重要となるものとして**コミュニケーション**があります。「コミュニケーション」という言葉は，日常的にも頻繁に使用されていますが，どういうものなのでしょうか。『心理学辞典』における解説（池田，1999）によると，コミュニケーションとは「情報のやりとり」であり，「なんらかの意味のある表象」（頭のなかにあるもの）を「伝達する過程である」と定義されています。つまり，コミュニケーションとは，送り手から意味ある情報がなんらかの形や方法で発信され，それを受け手が受け取る過程ということになります。その過程を図8.1に示しています。送り手側は，頭のなかにあることがらをメッセージとして**記号化**することで，コミュニケーションが可能となります。また受け手側は，メッセージを**情報化**して意味のある情報として受け取ることで，コミュニケーションが成立します（池田，2000）。

CHART 図8.1 コミュニケーションの基本モデル

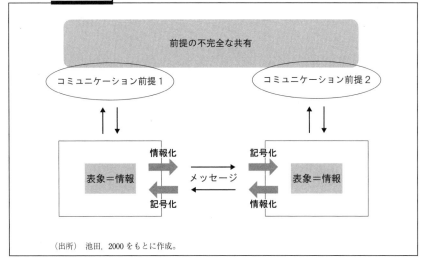

（出所）池田，2000をもとに作成。

　私たちは，このようなコミュニケーションの過程で，「なるほどなあ」「わかってもらえてよかった」など心地よい体験をすることもあれば，「どうして伝わらないのかなあ」「うまく言えないな」などと居心地の悪い体験をすることもあります。どうしてこのような違いが起こってくるのでしょうか。

　その理由の1つとして，メッセージの内容を受け手が受け取ったときに，必ずしも送り手が意図した内容が伝わるとは限らないからです。例えば，送り手の言葉以外の表情や態度，会話のタイミングなども，受け手にとっては意味のあるメッセージとなるので，表情や態度などが意図したものと合っていない場合は，コミュニケーションが成立しにくくなります。また，私たちのコミュニケーションが成立するためには，図8.1にあるように，なんらかの前提（コミュニケーション前提）を共有していることが不可欠です。その前提には，言葉の意味・理解，知識，規範，社会的ルール，コミュニケーションの目的などが含まれます。したがって，良好な関係を築くために必要なコミュニケーションとは，ただの言葉の伝達ではなく，表情や態度，会話のタイミングや，相手とどの程度コミュニケーションの前提を共有できているのかを推測・確認することが重要になるといえるでしょう。

1　相手とよい関係を始めるためには

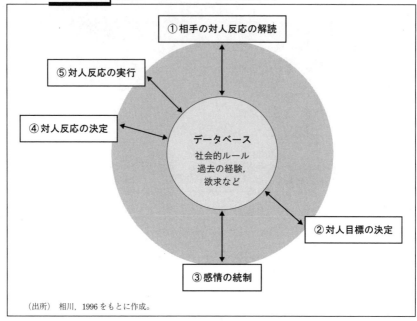

図8.2 社会的スキルの生起過程モデル

(出所) 相川, 1996をもとに作成。

社会的スキルとは

生活のなかで必要とされる効果的なコミュニケーションの技術・スキルのことを, 心理学では, **社会的スキル**(ソーシャル・スキル)と呼んでいます。社会的スキルには, 言語的・非言語的レベルにおいてさまざまなものがあります。例えば, 挨拶をする, 相手をほめる, 相手に嫌なことをされたらそれを伝えるなどは言語的なものです。一方, 相手の話を上手に聴く, 知らない人にも声をかけることができる, 周りの人と異なる意見をもっていてもうまくやっていけるなどは非言語的なものです。

また社会的スキルは, 図8.2に示したように, いくつかの過程によって生起すると考えられています(相川, 1996)。

最初は「①相手の対人反応の解読」の過程です。相手の示す対人反応を知覚し, それを解釈する過程です。適切に相手の反応を知覚するためには, 言語的な反応のみならず, 非言語的な反応など多くの反応に注目して, 情報を収集します。また, 相手の反応の知覚からどのような意図をもってそのような反応を

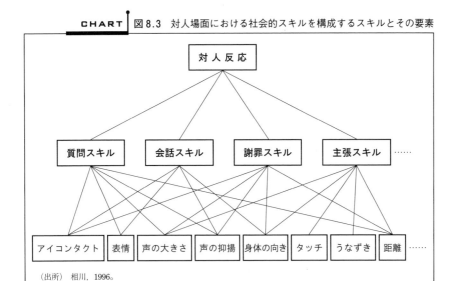

図8.3 対人場面における社会的スキルを構成するスキルとその要素

(出所) 相川, 1996。

したのかについて解釈します。「相手はどうしてあのように言うのか、振る舞うのか」ということを考えるときには、私たちは自分自身のデータベースを参照しながら解釈していきます。データベースには、社会的ルールに関する知識や過去の対人交流、文化や習慣などが保存されています。したがって、適切に相手の意図を解釈するためには、背景となっている社会的ルールや、習慣、文化を理解することも重要になってきます。

次に「②対人目標の決定」と「③感情の統制」です。これらの過程では、先ほどの対人反応の知覚や解釈に基づいて、相手にどのように反応すべきかを決定します。そこには、相手への感情などが関係します。例えば、「相手の言い方に不満を感じるな」「でも、不満のすべてを伝えると関係が壊れないか心配だ」というように、相手と自分との間にさまざまな感情が生じます。それらを適度に統制することによって、「相手に不満を伝えないで聞き流す」や「関係が壊れない程度に不満を伝える」といった対人目標を決定していくことになります。

そして最後の段階として、「④対人反応の決定」と「⑤対人反応の実行」となります。これまでの過程をふまえて、具体的に相手にどのような反応を返すかを決定し、それを実行します。例えば、関係が壊れない程度に不満を伝えたい場合には、相手のほうに身体を向けて、穏やかな声のトーンで、相手の話に

もうなずきながら，自分の気持ちを伝える（主張スキル）といった反応が実行されます。図8.3に示すように，社会的スキルは，「主張する」「質問する」「会話を続ける」「謝罪する」などの行動単位と，それを構成するさまざまな反応動作によって構成されています。対人反応の決定や実行においても，個人のデータベースの情報がもとになります。例えば，そのデータベースに，「不満を伝えるときには，相手の話にもうなずいたり，穏やかに話す」といったスキルが貯蔵されていない場合は，また異なった行動になるでしょう。

WORK ⑱

以下に，社会的スキルの一例として，社会的スキルを測定する質問項目（Kiss-18；菊池，1988）を挙げています。自分はどのくらい，それぞれのスキルをもっているか，「5点：いつもそうだ」〜「1点：いつもそうでない」の5段階で点数をつけてみましょう。

社会的スキルを測定する尺度 Kiss-18

1. 他人と話していて，あまり会話が途切れないほうですか。
2. 他人にやってもらいたいことを，うまく指示することができますか。
3. 他人を助けることを，上手くやれますか。
4. 他人が怒っているときに，うまくなだめることができますか。
5. 知らない人でも，すぐに会話が始められますか。
6. まわりの人たちとの間でのトラブルが起きても，それを上手に処理できますか。
7. こわさや恐ろしさを感じたときに，それをうまく処理できますか。
8. 気まずいことがあった相手と，上手に和解できますか。
9. 仕事をするときに，何をどうやったらよいか決められますか。
10. 他人が話をしているところに，気軽に参加できますか。
11. 他人から非難されたときにも，それをうまく片付けることができますか。
12. 仕事の上で，どこに問題があるのかすぐに見つけることができますか。
13. 自分の感情や気持ちを，素直に表現できますか。
14. あちこちから矛盾した話が伝わってきても，うまく処理できますか。
15. 初対面の人に，自己紹介が上手にできますか。
16. 何かを失敗したときに，すぐに謝ることができますか。
17. まわりの人たちが自分とは違った考えをもっていても，うまくやっていけますか。
18. 仕事の目標を立てるのに，あまり困難を感じないほうですか。

（注）　回答は「いつもそうだ（5点）」「だいたいそうだ（4点）」「どちらでもない（3点）」「たいていそうでない（2点）」「いつもそうでない（1点）」の5段階。配点はそれぞれの質問に，5点から1点まで，得点は18〜90点の範囲をとる。
（出所）　菊池，1988。

CHART 表8.1 社会的スキル・トレーニングの手順と内容

①導　　入	対象者の緊張をほぐす。どんなことをやっていくのか目的を伝える。
②教　　示	目標とするスキルを言葉で教える（心構え，具体的な行動と実施ポイント，社会的ルール）。
③モデリング（観察，模倣）	手本を見せる。手本の適切なところについて意見交換する。
④リハーサル（ロールプレイ，練習）	スキルを実行させる段階。不安や緊張を克服して実施する自信を高める。繰り返し練習し，身につける。
⑤フィードバック（賞賛，修正）	適切なところをポジティブにフィードバックする。不適切な場合は，「ここがダメ」ではなく「こうすればもっとよくなる」と伝える。
⑥定　着　化	教えたスキルが日常場面で実現されるよう促す。機会があるごとにスキルのことを思い出させたり，実際に使えたときはすかさずポジティブにフィードバックする。

WORK⑱の質問項目のなかで，得点が低かった項目については，その人が苦手とするコミュニケーション・スキルであると考えられます。

苦手なスキルが生じる理由としては，①そもそもそのようなスキルを使う場面がなかったため，スキルをうまく身につけていない，②スキル自体は知っている，もっているが，適切な場面で使えていない，③人と接する場面では，不安や緊張といった感情の統制ができておらず，うまくスキルを発揮できないなどが考えられます。

社会的スキルを強める方法として，社会的スキル・トレーニングというものがあります。社会的スキル・トレーニングは，苦手なスキルを段階的に学習できるように，個人や集団でロールプレイをして練習する方法です。表8.1には，社会的スキル・トレーニングの手順の例を挙げています。もともとは，精神科病院における統合失調症患者を対象としたトレーニングとして発展しましたが，近年では，小学生や中学生などを対象とした実践も報告されています。

自分のことを伝える──自己開示とは

コミュニケーションを通して相手と親しい関係を築くためには，相手のことを聞き出し，自分のことを知ってもらうことはとても重要です。相手と良好な

関係をつくるために，自分に関する情報を相手に伝えることを，心理学では，**自己開示**と呼んでいます。

　自己開示には，いくつかのレベルがあるといわれています。相手との関係性によって自己開示の質が異なるとされており，初対面の相手や顔見知り程度の相手には，自己開示しにくいといわれており，最近のニュース，趣味，うわさ話，職業に関することなど表面的な自己開示が多くなります。一方，親しい間柄では，自分の性格や人間関係の悩み，今後の不安など内面的な自己開示も多くなります（榎本，1997）。また親しい間柄でも，性に関する関心や悩み，家族に関すること，心理的な悩み，容姿・外見の悩みなどは開示しにくい話題であるとされています。そして，顔見知り程度や初対面の相手といった，関係性が親密でなくなるほど，開示しにくくなることがわかっています。

　自己開示には，開示された側は，相手が自分のことを信用して心を開いていると感じて，開示された側も心を開いていくとされています。つまり，相手との距離を縮まらせるような効果があります。そして，開示した側にも，内面的な開示であれば，悩みや不満を聞いてもらえてすっきりするということ（感情浄化機能），自分の感じていることを言葉にすることで整理されること（自己明確化機能）といった効果があります。

　しかし，その一方で，初対面の相手やあまり親しくない相手に，いきなり内面的で，深い自己開示をしてしまうと，好ましくない印象を与えたり，相手にも内面的な開示を求めるようなプレッシャーを与えてしまうこともあります。これは，親しくない人には深い話はしないという社会規範を意識して，私たちが行動しているからです。したがって，早急に親密になろうとして，いきなり内面的なことを開示すると相手の心が離れてしまうこともあるので注意が必要です。

　また良好な関係を築く上では，開示される側の反応が開示した側に与える影響も重要になってきます。特に，自分の悩みや困りごと，つらかったことなど否定的内容を自己開示するときには，開示される側が受容・共感を示すことで，開示した側の心理状態はポジティブになり，親密性が増します。一方，開示される側が拒絶を示した場合，開示した側はネガティブな心理状態になります。その際に，開示する側とされる側の親密性について，親密な相手に比べて顔見

知り程度の相手に拒絶されたほうが，心理状態はよりネガティブになることがわかっています（川西，2008）。したがって，まだ親しくない間柄であるのに，否定的なことを開示されたときに受容的でない態度をとると，開示した側は心理状態がよりネガティブになる可能性が考えられます。

このようなことから，自己開示を通して相手との良好な関係を築くためには，自己開示する側は自己開示の内容に，自己開示された側は相手への反応に気をつける必要があるでしょう。

苦手な場面でのコミュニケーションのコツ

適切な自己主張

> QUESTION
> 自分の意見や感じたことを言えずに我慢した経験はありませんか。我慢した結果，どのような気持ちになったでしょうか。

　前節で紹介したような社会的スキルが不足しているわけではないのに，自分の気持ちを素直に話せないという人がいます。私たちは，誰かに本音を話したいがなかなか言い出せないことがあります。それは相手の気持ちを尊重したい，相手に嫌われたくないという気持ちが強く働くからです。しかし，そのように相手の気持ちだけを尊重し，自分の本音をいつも隠しているとどうでしょうか。ストレスがたまるだけでなく，相手との関係もぎくしゃくしてしまうでしょう。

　相手の気持ちを尊重しつつ，自分の気持ちも大事にしたコミュニケーションのことをアサーションといいます。このアサーションの理論では，アサーション以外に2つのタイプのコミュニケーションがあると考えています。1つは，相手の気持ちは尊重せず，自分の気持ちだけを考えたコミュニケーションは「攻撃的」（アグレッシブ）コミュニケーション，もう1つは，相手の気持ちばかりを尊重してしまって，自分の気持ちを後回しにしたコミュニケーションは「非主張的」（ノンアサーティブ）コミュニケーションです。

攻撃的なコミュニケーションは，自分の気持ちは表現できますが，相手の気持ちを配慮しないため，相手に不快な思いをさせてしまいます。一方，非主張的なコミュニケーションは先述したように，自分の気持ちを抑えて相手に合わせてしまうので，次第にフラストレーションがたまりやすくなります。

　では，相手の気持ちを尊重しつつ，自分の気持ちも表現するとはどのような言い方になるのでしょうか。次のエピソードが起きた場面を想像してみましょう。

EPISODE ⑩

　今週のあなたは毎日アルバイトや学校の課題に追われていて，とても疲れている。特に，今日は風邪も少しひいているようで，微熱が出ていて体調が悪い1日だった。いつもよりも早く寝ようとベッドに入ったところ，携帯電話が鳴った。電話に出てみると，仲のよい友だちが，悩みごとがあるので相談にのってほしいと言っている。この友達との会話は，いつもとても楽しいのだが，ちょっと話が長い傾向にある。きっと今回も長電話になってしまうだろう。今夜はできればパスしたい……と思っている。

　電話口の友だちは，「ねえねえ，少し相談してほしいことがあるんだ？　ちょっと聞いてくれる？」と言ってきた。

　さて，このような場合，アサーティブに自分の気持ちを伝えるとしたら，どういう風に答えるとよいでしょうか。アサーティブなコミュニケーションのコツとして，DESC法があります。DESC法とは，

① D：客観的な事実や状況を伝える（describe）
② E：相手に対する自分の気持ちや感情を表現する，気持ちや感情を冷静に説明する（express, explain, emphasize）
③ S：妥協案や解決案を提案する，具体的で現実的な提案を行う（specify）
④ C：提案の可否を尋ねる（consider, choose）

　以上のDESC法を活用すると，次のような応答が考えられます。

　「ごめんね。今週は毎日アルバイトや学校の課題があったから疲れもたまっていて，今日は特に風邪のひきはじめみたいで体調が悪くて，熱もちょっとあるみたいなの（D）。だから，今日は早く寝ようかなと思ってベッドに入ったところなの。心配そうな声だから相談にのってあげたいのは

やまやまなんだけど……（E）。できれば，明日，体調がよくなってからゆっくり話を聞きたいんだけど，どうかな？（S）明日の夜に，電話をかけ直すのはだめかな？（C）」

このような言い方だと，相手の気持ちを確認しながら，自分の意見や気持ちを表現することができます。

適切な自己主張を行いたいときには，DESCを意識して，相手のことも尊重しながら表現するようにしましょう。

SOSの上手な出し方

私たちは，困ったことに出会ったときは，誰かに相談したり，アドバイスをもらったりします。このような援助を必要とするときに誰かに援助やサポートを要請する行動，つまりSOSを出す行動を**援助要請行動**といいます。また，援助を求めることに対する態度や考えを**被援助志向性**といって，被援助志向性には個人差があり，SOSの出し方に影響します。

一般的に，被援助志向性が高い人は，援助を求めることに抵抗が少なく上手にSOSを出すことができますが，被援助志向性が低い人は，SOSを出すことが苦手です。

被援助志向性の低い人は，援助を求めることへの抵抗が強く，援助してもらうような自分は弱い人間なのではないか，相手から「そんなことで悩んでいるのか」と思われて，望むような反応が返ってこないのではないか，と否定的に捉える傾向があります。また，自分の問題は自分で解決すべきであるといった自助努力をよしとする考え方に偏りすぎている場合もあります。

対人援助職は，他の職種に比べて，SOSを出すことに抵抗を感じやすいという面が指摘されています。大学を出たばかりの新卒でも，現場に出てしまえば，「一人前の専門家」として見られます。「一人前の専門家」＝「1人で何でも対応・解決できなければならない」という考えに陥ってしまうと，困難な状況でもSOSを素直に出せなくなります。

CASE ⑥

公立小・中学校の先生になって1年目の新任教師対象に，「職場の周囲の人に，援助を求めて良かったことと悪かったこと」をアンケートで尋ねました。

2　苦手な場面でのコミュニケーションのコツ ● 97

> その結果，援助を求めて良かったこととしては，「周囲の適切な助言や指導によって問題が解決された」「自分のスキルアップにつながった」「組織で対応できた」という意見があり，周囲に援助を求めることが自信や安心感，組織の連帯感をもたらしていることがわかりました。
>
> 　その一方，援助を求めて悪かったことに，「1人で解決できなくなる」「自分の能力が向上しない」という回答がありました。また，「他の先生もとても忙しいのに迷惑をかけてしまった」という申し訳なくなる気持ちになることもあるでしょう。確かに，いつも人に頼ってばかりでは解決能力が育たなくなるという面もあるかもしれませんが，対人援助の領域では，適切にSOSを出して，さまざまな人と相談しながら進めていくことも大事なことです。

3　対人援助場面におけるコミュニケーション

コミュニケーションのための心構え

　対人援助場面においては，対象者のさまざまな反応を観察し，相手の意図や感情を読み取って，コミュニケーションをとることが大事です。さまざまな反応とは，第1節の「社会的スキルとは」の項でもふれたように，言語的なもの（発言内容）だけでなく，表情や行動など非言語的なものも含みます。そして，相手の視点に立って，相手の訴えを聴いていきましょう。カウンセリングでは「受容」や「共感」と呼ばれていますが，相手が経験した出来事を自分もその場にいるかのように，明瞭にイメージできるくらいまで，話を丁寧に具体的に聴いていくことが大事です。そのように丁寧に聴いていくことで，相手の感情や考えていることが理解しやすくなります。

　また，自分の考えや意見などを伝える場合には，相手の心理状態にも気を配りましょう。相手の心理状態によって，伝わり方は変わってきます。相手の気持ちがマイナスになっているときには，こちらの発言も，否定的に捉えられることもあります。相手の状態をよく観察して，伝えるようにしていきましょう。

　さらに，過度な自己開示は控えましょう。援助場面において信頼関係を築く上でコミュニケーションをとっていくことは大事ですが，援助者側の過度な自己

> **Column ❺　転移と逆転移**
>
> 　心理療法やカウンセリングでは，相談者（クライエント）が悩みやつらかった体験を吐露するので，治療が進むにつれて，相談者がセラピストに特別な感情を抱くことがあります。心理療法の1つである精神分析では，このように，相談者がセラピストに，大事な人への気持ちを重ねるようにして，特別な気持ちを抱くことを**転移**といいます。例えば，母親に甘えたかった男性相談者が女性セラピストに対して好意を抱く，父親に認められなかった女性相談者が男性セラピストに敵意を抱くということがあります。
> 　一方，セラピスト側も，心理療法のなかで，特別な感情を相談者に向けることがあります。これを**逆転移**といいます。恋愛感情に似た感情を抱いたり，なんとなく相手のことを疎ましく感じられたりすることがあります。
> 　精神分析では，このような転移関係の多くは，幼児期の親子関係や，配偶者や恋人などの重要な他者との関係を反映したものが多く，相談者を理解する上で重要なものであると考えます。また治療者においては，自分自身の心理的な問題が相談者に投影されていること（例：自分の欠点を見るようで相手を疎ましく感じるなど）もあります。
> 　心理療法に限らず，対人援助関係においても，このような転移・逆転移の現象は起こりやすいといえます。転移・逆転移が生じたら，「なぜ，そのような感情が生じたのか」ということを分析することで，相談者または援助者の問題を理解する糸口となることもあるでしょう。

開示は価値観の押しつけと受け取られることもあるので注意が必要です。

組織や集団におけるコミュニケーション

　対人援助職は組織やチームを組んで，複数の患者や児童・生徒の対応にあたることが多い仕事です。そのため，同僚や上司と話し合うことが頻繁にあり，自分の意見や感じていることを適切に表現することが求められます。前節「適切な自己主張」の項でもふれたように，自分の意見を述べることは大事ですが，相手のことを配慮しない言い方になってしまうとチームワークを乱してしまうことにつながるかもしれません。また上司や同僚の顔色ばかりを気にして，自分の意見を引っ込めてしまうと，対象者にとって必要な対応を提供できなく

なってしまう可能性もあります。

　また，職種や専門領域が異なる人たちとのコミュニケーションでは，わからない言葉や不明な点が出てくることもしばしば起こります。わからない点は放置せず，質問していくことが重要です。そして，困難な状況に出会ったときには1人で問題を抱え込まず，自分の状況を正確に伝えて，組織・集団内に適切に SOS を出していくことも大事です。

CHECK

□ 1　効果的なコミュニケーションのためには，言語的な反応だけでなく，表情や態度など（　　　）的な反応も重要である。

□ 2　相手の気持ちも尊重しながら，客観的な事実や状況を伝えたり，自分の気持ちを冷静に説明するようなコミュニケーションを（　　　）という。

□ 3　援助場面で，相談者とのコミュニケーションは重要であるが，過度な（　　　）は，価値の押しつけになったり，相手にプレッシャーを与えるため，控えたほうがよい。

さらに学びたい人のために　　　　　　　　　　　　　　　　　　　Bookguide

橋本剛『大学生のためのソーシャルスキル』サイエンス社，2008年

平木典子『アサーション入門──自分も相手も大切にする自己表現法』講談社，2012年

CHAPTER

第9章

社会のなかの心

社会, 組織, 集団の心理学

INTRODUCTION

図を見てください。Aと同じ長さの線は, B, C, Dのどれでしょうか。では次に想像してみましょう。同じ部屋にあなたを含む9人がいるとします。あなた以外の7人がすべてBを選んだ後, あなたが選ぶ順番が回ってきました。あなたはなんと答えますか。

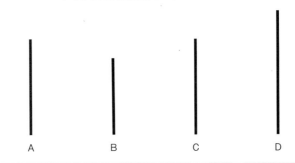

アッシュの同調実験（Asch, 1956 をもとに作成）

この章のねらい

① 私たちが所属する集団について知る
② 集団が個人に与える影響について理解する
③ 個人の健康を保つための, 社会・集団への働きかけについて学ぶ

KEYWORDS

集団　役割　役割間葛藤　私的集団　公的集団　準拠集団　同調
リアクタンス　ソーシャル・サポート　情緒的サポート
道具的サポート　ソーシャル・サポートの提供／互恵性／負の効果
リーダーシップ　セルフヘルプ・グループ　予防　第一次予防
第二次予防　第三次予防

1　集団のなかの個

QUESTION
あなたが所属する集団を1つ挙げましょう。その集団がもつ暗黙のルールには，どのようなものがありますか。

さまざまな人の集まり

　普段一緒にいることが多い友人たちと，何かを決める場面を思い出してみましょう。そのとき，あなたの意見がどのように扱われましたか。他の友人の発言を聞いて，自分の意見が変わることはありましたか。これらは，人が集まることで，特有の力が働くことを示す例です。この章では，集団や集団のもつ力について考えていきましょう。

　複数の人が集まり，なんらかのルールで動いている場合，それは**集団**（または社会集団）と呼ばれます。集団は，共通の目的をもっていることが多いものです（例：学校という集団では，教師が生徒に勉強を教え，生徒は学ぶことが目的の1つです）。ひとたび集団がつくられると，その集団では，集団を維持するためにルールがつくられます。ルールには，規則のように公式に定められて文章化されたものもあれば（例：学校での時間割や単位の取得ルール），文章にはなっていないが当然そうするだろうという，暗黙のルールもあります（例：大学の学生食堂の食券販売機で券を買う際，自然とみな1列に並ぶ）。そしてなんらかの集団に所属している人は，「自分はその集団の一員だ」という意識（自己同一視）をもっています（例：私はA大学の学生だ）。

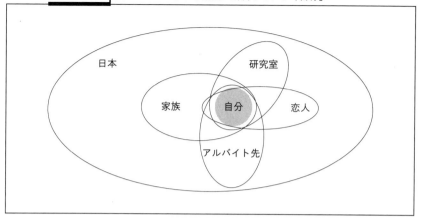

CHART 図9.1 さまざまな集団に所属している「自分」

EPISODE ⑪

> タケシには最近悩みがある。「そろそろ卒業研究に取りかからないといけない。でもこの2年続けてきたアルバイトでは，結構重要なポジションにいるから，アルバイトを減らしてくれとは言いづらい。恋人も『最近，バイトだとか研究室に行かなきゃとか言い訳ばかり言って，自分との時間をつくってくれない』と言われる。親にはもっと家の手伝いをしろと言われるし。まいったなあ」

　集団に所属する人には，たいていなんらかの**役割**が期待されます（例：ある「家族」という集団のなかで「父親」として期待される役割として，「生活費を稼ぐ」）。人が複数の集団に所属し，各集団のなかの役割を担っている場合，同時に複数の役割をもつことになります。EPISODE ⑪に登場したタケシは，家族という集団，恋人との集団，研究室，アルバイト先という集団に所属しています。そして「子ども」「恋人」「研究室で一番若い学生」「アルバイト先のリーダー」という複数の役割をもっているようです。タケシのように，複数の役割の間の調整がうまくいかない場合，それは**役割間葛藤**と呼ばれます。

　考えてみれば，私たちは実にさまざまな集団に所属しています。そして小さな集団が集まり，より大きな集団を構成しています（**図9.1**）。小さな集団（部分集団）としては，家族，職場，地域などがあります。小さな集団が集まった，大きな集団（全体集団）としては，例えば私立大学，神戸市，兵庫県，日本国家などがあります。集団をその内容から，**私的集団**（例：家族，恋人）と**公的集団**（例：学校，職場）と分類することもあります。

1　集団のなかの個 ● 103

| WORK⑲ | 自分が所属している「集団」について,思いつく限り挙げてみましょう。|

所属したいと思う集団

　雑誌でプロのモデルが着ている服は,自分には似合わないと感じても,学生の読者モデルが個人ブログで紹介している服は,プロのモデルよりは親近感がわき,買ってみたいなと思うことはありませんか。人は複数の集団に所属していますが,そのなかで特に,自分と共通の興味・関心や態度・価値をもっていると感じて,自分が所属したい・影響を受けたいと思う集団を**準拠集団**と呼びます。なお,直接その集団のメンバーに会っていなくても,本や雑誌,TVなどで見て自分が所属したい,と感じる集団であれば,自分にとっての準拠集団ということができます。ブログや,Facebook などの SNS(ソーシャル・ネットワーキング・サービス:インターネット上で人と人とのコミュニケーションを促すようなサービス)が普及した現在,自分にとっての準拠集団からのメッセージや口コミが伝わりやすい環境にあるといえます。

　例えば病院で,生活習慣の改善が必要な患者さんに,医師や看護師が勧めた生活習慣を改善するためのアドバイスはまったく聞いてもらえないのに,同じ病気の他の患者さんから勧められた生活習慣の改善方法は抵抗なく受け入れられる,という話はよく聞きます。「自分が準拠していると感じている集団」からの口コミは,とても影響力があることを示す例です。

 ## 集団の力・相互作用

集団につい合わせてしまうのはなぜ?

　友だち5人と昼食を食べることになり,ランチセットのAとBで,あなたはBにしようかなと思ったけれど,みんながAセットにすると言ったので自分もAセットにした,という経験があるのではないでしょうか。他にも,友

だちと一緒にいるとき，周りの友だちの意見に影響されることはないでしょうか。集団において，ある個人が，周囲の意見に合わせることを同調といいます。集団には，集団としてのまとまりを保つ力が働きます。つまり，集団にはメンバーの考え方や行動を同一にするよう働きかける力が働きます。こうした集団のまとまりを保つ力が，集団のなかの個人を他の人に同調させる力として働くことがあります。この章のINTRODUCTIONで示した，線の長さの問題を覚えていますか。この実験では，さまざまな線の組み合わせでAと同じ長さの線を選んでもらう課題を7名同室で18回繰り返して行いました。このうち3分の2の12回において，6番目の人（実験の意図を知らない人）に回答を求める際，それ以前に回答した1〜5番目の人（サクラであり，実験の意図を知っている人）には間違った回答（B）を言うように指示しました。その結果，6番目に回答した人の約4割もの人が1度は間違った回答（B）を選びました（Asch, 1956）。

同調行動が起こる理由として，ドイチュ（Deutsch, M.）らは2つ挙げています（Deutsch & Gerard, 1955）。1つ目は，集団内の多数派によく思われたい，あるいは多数派から嫌われたくない（罰を受けたくない）という気持ちをもつ人が，多数派に意見を合わせた結果生じるというメカニズムです。2つ目は，他者の意見を参考にして正しく判断したいと考える人が，他者の判断のほうが正しいのではないかと考えた結果，他者の意見を受け入れて同調するというメカニズムです。

同調行動は，集団の特徴（例えば，その人にとって魅力的である集団には同調しやすいなど）と個人の特徴（例えば，自分の判断に自信がないときは同調しやすいなど）によって，起こりやすさが変わります。あなたが今まで同調したとき，その集団やそのときの自分には，どのような特徴がありましたか。

| 集団からの圧力に反発するとき |

EPISODE ⑫

カナコさんの実家は自営業。両親も兄も，「アルバイトは早くやめなさい。うちだって人手がないんだから，小遣いが必要なら，うちの店を手伝いなさい。」と言う。しかしカナコさんは「そうやって押しつけられると，かえってやる気って出ないんだよね。絶対，手伝わない。」と思っている。

> ### Column ❻　ジャムの法則
>
> 　レストランのメニュー表に，いろいろなメニューが載っています。どれも美味しそうです。でも結局「"今日のおすすめ"はAとBなのか……。よし，Aにしよう」と，店のおすすめのなかからメニューを選んでしまうことはありませんか。
> 　アイエンガー（Iyengar, S.）という社会心理学者が，選択に関する研究を行いました。ある店の店頭で，6種類のジャムを売ったとき，客の40％が試食しました。これを24種類に増やすと，60％が試食しました。けれども，6種類のときは試食した客の30％がジャムを買ったのですが，24種類のときは，試食した客の3％しか買いませんでした。それぞれの客に聞いたところ，6種類から選んで買った客のほうが，24種類から選んだ客よりも，自分のジャムの選択の判断に自信をもち，選んだジャムへの満足度が高かったのです。選択肢が多いほど，よい選択ができるとは限らないのですね（アイエンガー，2010）。

　EPISODE⑫の場面は，先ほどの場面と同じように，自分が所属する集団からプレッシャーを感じています。でも，集団の影響とは逆の行動をとっています。このように，誰かから（個人の場合も集団の場合もあります），何かをするようにというメッセージを受け取ったとき，それに反発する気持ちを**リアクタンス**といいます。

　通常，私たちは自由に行動できるはずだと思っています。そのときに他者からある行動をとるように言われると，その自由を侵害されたように感じて，リアクタンスが生じるといわれています。リアクタンスを感じたとき，なんとかその気持ちを和らげたいと考えますので，プレッシャーを受けた人は，①抵抗して，やめるようにと言われた行動をわざと行う（例：今までのアルバイトをやめずに続ける），②やめるようにと言われた行動と似た行動をわざと行う（例：今までのアルバイトはやめるが，別のアルバイトを始める），③プレッシャーをかけた相手を低く評価する（例：「うちの親も，兄貴も，本当にわかってない」），④自分が自由であることをあきらめる（例：「学費も生活費も出してもらっているんだから，仕方がない。言うとおりにするか」）。

　例えば病院で，医療者が「血液検査の結果がこんなに悪いのだから，もう絶

対甘いものは食べてはだめですよ」と伝えたのに，それに反発して，糖尿病の患者さんがお菓子をやめないという状況が，リアクタンスの例です（もちろん，お菓子をやめない理由にはリアクタンスによるもの以外にもさまざまなものがありえます）。

ソーシャル・サポート

EPISODE ⑬

とてもショックなことがあって，すっかり気落ちしていたミキさん。さらに，必修授業でのレポート提出がいくつも重なっており，落ち込んでいる彼女はとても乗り越えられる気がしなかった。そのようなときに，友人たちが，つらい気持ちを聞く，励ます，レポート作成の手伝いをする，といった手助けをしてくれた。

　本人を支える周囲からの支援は，ソーシャル・サポートと呼ばれます。ソーシャル・サポートには，さまざまな種類があることがわかっています。EPISODE ⑬の主人公であるミキさんは，つらい気持ちを友達に聞いてもらい，つらさが少し和らいだようです。このように，つらい気持ちを和らげるような支援を**情緒的サポート**と呼びます。ミキさんはまた，レポート作成を手伝ってもらいました。このように，実際の作業を手助けすることや，物資やお金を援助することは**道具的サポート**と呼ばれます。誰か困っている人がいるとき，その人に今必要なのは情緒的サポートなのか，道具的サポートなのか，考えてから手伝うと，よい支援を行うことができそうです。

　日常生活で私たちは，友人からサポートされるだけでなく，友人をサポートすることで励まされることややる気が出ることもあります。これは，ソーシャル・サポートの提供による効果です。高齢者を対象とした先行研究では，ソーシャル・サポートを受けることと同じかそれ以上に，自分が誰かに提供したソーシャル・サポートが，健康によい影響を与えていました（三浦・上里, 2006）。さらに，他者から受けたサポートと自分が与えたサポートのバランス（**ソーシャル・サポートの互恵性**）が重要であるという指摘もあります。

　なお，ソーシャル・サポートは，相手に常によい効果をもたらすとは限りません。「おせっかい」や「ありがた迷惑」になる場合もありますので（ソーシャル・サポートの負の効果），相手の状況をよく見て，可能ならば本人に直接

確認した上で，相手が必要とするサポートを提供しましょう。

EPISODE ⑭

> ヨシオさんがアルバイトをしている飲食店の店長が代わった。前の店長は放任主義というタイプだったが，新しい店長はルールを決め，するべきことをすべて指示するようなタイプだ。スタッフの多くは「前の店長がよかった」と言うが，ヨシオさんは，前の店長のときは，仕事中にスタッフの私語が多く，サービスが不十分になることが気になっていたので，新しい店長の方針に賛成している。ただ，厳しすぎるのもスタッフ間の雰囲気が悪くなりそうで，心配している。

リーダーのありよう

　職場のように，集団をルールに則って行動させる必要がある際，リーダーという立場のメンバーがつくられることが多いです。リーダーが集団の目標を達成しようとし，集団を統率・援助する行動やリーダーのあり方は**リーダーシップ**と呼ばれます。リーダーシップの研究は数多くありますが，ここでは2つの理論を紹介します。

　レヴィン（Lewin, K.）らは，児童を対象に専制型（集団活動のすべてをリーダーが決める），民主型（集団の方針を集団討議により決める），放任型（リーダーは積極的には参加せず，すべての決定を他のメンバーに任せる）の3つのリーダーをおき，作業させる実験を行いました（Lewin et al., 1939）。実験の結果，専制型のリーダーでは，メンバーはリーダーや他のメンバーに敵意を向けました。またメンバーの多くが，民主型のリーダーが良いと答えました。レヴィンはこうした研究をもとにリーダーシップ理論をつくりました。EPISODE⑭の例では，**表9.1**に示すようにヨシオさんは放任型リーダーである前の店長，専制型リーダーである今の店長の特徴に気づいているのです。

　三隅らは，集団の2つの役割である，課題達成機能と維持機能を促す働きかけを行うのがリーダーであると定義しました（三隅・白樫，1963）。つまり，リーダーは，目標達成の働きを促進するような行動（P行動）と，集団内の関係を維持するような行動（M行動）の2つの行動を行うのです。三隅は，これを**PM理論**と名付けました。PM理論では，リーダーは**表9.2**のように4タイプに分類され，PM型のリーダーが最も望ましいとされています。

CHART 表 9.1　レヴィンのリーダーシップ論から考えられるリーダーの影響

専制型	短期的には仕事量が多くなるが，長期的にはメンバーが相互に不信感を抱くようになるおそれがある
民主型	短期的には専制型よりも仕事量が少ないが，長期的には仕事量が増えていく。メンバー間の団結度が高くなる
放任型	組織のまとまりがなくなり，仕事量は少なくなる

（出所）楊・青木，2011 をもとに作成。

CHART 表 9.2　PM 理論でのリーダー

P 型	集団内の人間関係よりも，目標達成を重視するリーダー
M 型	目標達成よりも，集団内の人間関係を重視するリーダー
PM 型	目標達成と人間関係のどちらも重視するリーダー
pm 型	目標達成にも人間関係の調整にも消極的なリーダー

（出所）三隅・白樫，1963 をもとに作成。

3　集団レベルでの介入

仲間同士で助け合う

　自分が住んでいる地域の広報誌を見ると，子育て中の親同士が集まって，お互いの悩みを相談したり，子ども同士遊ばせたりするサークル活動が掲載されていることがあります。このような身近な活動以外にも，同じ病気を抱える患者が参加する会の情報が，病院に掲示されているのを見たことがあるかもしれません。同じ悩みや問題を抱える者同士が，自分たちで集まり，助け合う集団のことを**セルフヘルプ・グループ**（または自助グループ，ピアサポート・グループ）といいます（第 14 章第 3 節でも紹介しています）。

　セルフヘルプ・グループの例としては次のようなものがあります。

> 精神疾患：アルコール依存，摂食障害，薬物依存，うつ病，統合失調症，発達障害など
> 身体疾患：がん，慢性疾患（糖尿病，筋ジストロフィー），人工透析など
> その他：育児中の親，不登校児の親など

　セルフヘルプ・グループはもともと，1930年代の米国で，アルコール依存症患者が支え合うために誕生しました。現在，さまざまなセルフヘルプ・グループがあります。なんらかの障害や問題，悩みを抱えた人が，同じような問題を抱える個人や家族とともに，当事者同士が自主的に集まった集団です。専門家ではなく，あくまでも当事者（障害や問題，悩みをもつ人自身）で運営しているのが特徴です。

社会を豊かにしてメンバーを健康にする

　ここまで，人は集団に所属していることや，行動を行うことに集団の影響を受けるといったことについて学んできました。次に喫煙を例にして考えてみましょう。たばこを吸う，という行動は，どのように身についたのでしょうか。日本という社会では，たばこが売られているため，たばこが入手できる環境にあります。また，周りの先輩・友人・家族などがたばこを吸っていたことが吸うきっかけになったのかもしれません。喫煙は，喫煙できる社会であり，喫煙に興味をもつきっかけが所属する集団から提供されることで始まった，と考えられます。

　同じように考えると，社会や集団にたばこをやめる手がかりをたくさん存在させることで，禁煙するきっかけもつかみやすくなるでしょう。たばこの箱の側面を見ると，大きく「心筋梗塞の危険性を高める」と書いてあります。このように，たばこの箱に吸うことの害に関する情報を載せること，あるいは公共の場を禁煙に設定することなど

CHART 表9.3 3つの予防

第一次予防	健康増進, 疾病予防	生活習慣の改善, 生活環境の改善, 健康について正しい知識を提供する, 予防接種, 事故が起きない職場環境の整備など 例：性感染症予防のコンドーム利用, 悩みの無料電話相談
第二次予防	早期発見, 早期対応	発生した病気などをできるだけ早期に見つける, 健康診断や人間ドックで要注意の人への指導など 例：がん検診
第三次予防	リハビリテーション, 再発予防	病気により低下した機能を回復するための訓練, 社会復帰しやすくなる環境づくりなど 例：精神疾患患者の作業療法, 脳卒中後の理学療法

は，個人が禁煙するきっかけをつかみやすくすることをねらった，個人が所属する社会への働きかけの例です。

さて，このように，社会や集団に働きかけて，メンバーが健康を保つための働きかけのことは，専門用語で**予防**と呼ばれます。予防とは，悪い事態を防ぐために前もって行う活動をいいます。予防には3種類あります（**表9.3**）。**第一次予防**は，病気や怪我をしないための働きかけや環境整備の活動です。病気や怪我を防ぐだけでなく，積極的によりよい健康を実現するための活動も含まれます。**第二次予防**は，発生した病気や怪我などがより悪くならないよう，早期に発見・治療するための活動です。**第三次予防**は，病気になった後や怪我などを負った後，治療をしながら社会復帰や再発予防を支える活動です。

> **WORK ⑳** 大学構内を調べ，予防活動を探してみよう。

> **WORK ㉑** 子どもの安全を守るために社会でできる予防活動を考え，発表しよう。

CHECK

☐ 1 人はたいてい，複数の集団に所属し，それぞれの集団において役割をもっている。複数の集団でそれぞれ期待される役割の間で，調整がうまくいかないことを（　　　）という。

☐ 2 ある人を支える，周囲からの支援は（　　　）という。このうち，つらい気持ちを和らげるような支援は（　　　），作業を手助けすることや物質的な援助を行うことは（　　　）と呼ばれている。

☐ 3 予防は，病気にならないための働きかけや環境調整を行う（　　　）予防，病気を早く発見し対応する（　　　）予防，そして病気になった後の社会復帰を支援する（　　　）予防に分けられる。

さらに学びたい人のために　　　　　　　　　　　　　　　Bookguide

今井芳昭『影響力——その効果と威力』光文社新書，2010 年

山岸俊男『「しがらみ」を科学する——高校生からの社会心理学入門』ちくまプリマー新書，2011 年

CHAPTER 10

第 10 章

心の健康

ストレスと健康の心理学

INTRODUCTION

　みなさんは最近,「ストレス」という言葉を使ったり,見聞きしたでしょうか。「職場での人間関係が私の大きなストレスになっている」「学校のレポート課題に追われてストレスがたまる一方だよ」。このように,私たちは日常会話でストレスというものを心理学の用語として用いていますが,実は,ストレスの語源は物理学に由来があります。

　頭のなかでゴムボールと棒を想像してみてください。棒をゴムボールに押し当てていくと,圧力によってゴムボールの形が変形しますね。この圧力のことを「ストレッサー」,圧力によってゴムボールが変形し,それを押し返そうとする力を「ストレス反応」といいます。

この章のねらい

① ストレスとは何かを理解する
② ストレスの生起プロセスやメカニズムに関わる基礎的知見を知る
③ ストレスの心理学的理解に基づいた対処方法について学ぶ

KEYWORDS

ストレッサー　ストレス反応　生活習慣病　ストレス関連疾患
心理的ストレスモデル　認知的評価　対処行動（コーピング）
リラクセーション　予防　青年期　生活習慣　ストレスマネジメント

1 ストレスの捉え方

ストレスは心理学用語ではなかった⁉

　INTRODUCTION で紹介したように，ストレスの語源は物理学に由来があります。この物理学用語を生体に応用し，内外部から生体に及ぼす刺激のことをストレッサー，そのストレッサーに適応しようとして生じる心や身体の反応をストレス反応と呼ぶようになりました。「職場で人間関係上のトラブルを抱えてしまい，憂うつな気持ちになった」という例では，人間関係上のトラブルがストレッサー，憂うつな気持ちがストレス反応になります。

　このように整理してみると，私たちは，ストレッサーとストレス反応のどちらも「ストレス」という言葉で表現していたことに気づくはずです。ストレスを理解するためには，まずは，両者を区別し，何がストレッサーとなり，何がストレス反応となるのか理解することが必要になります。具体的に述べると，ストレッサーには，気温や騒音といった①物理的ストレッサー，薬物や公害物質といった②化学的ストレッサー，人間関係や仕事，家庭での問題といった③心理社会的ストレッサーがあります。そして，それらのストレッサーに対するストレス反応には，①不安や抑うつ，イライラといった心理的ストレス反応，②飲酒や喫煙量の増加や集中力の欠如といった認知・行動的ストレス反応，③

頭痛や肩こりといった身体的ストレス反応，に分けることができます。また，これらのストレス反応は，独立して生じるわけではなく，お互いに影響し合っていることがわかっています。

> **WORK㉒**
> 私たちの身の回りにあるストレッサーやストレス反応をできるだけ多く列挙してみましょう。

ストレスは悪者!?

> **QUESTION**
> ストレッサーやストレス反応は，すべて悪者で，すべてなくしてしまったほうがよいのでしょうか。

　ストレッサーに直面し，ストレス反応が緩和されずに，慢性化した状態になると，うつ病や不安症などの精神疾患のリスクが高まり，不登校や欠勤の増加といった社会生活にまで影響をもたらすことが知られています。また，**生活習慣病の予防や改善のためにはストレスの軽減が必要である**というような情報が至るところで流れているように，ストレスは身体疾患のリスクファクターであることも知られています。例えば，心筋梗塞，気管支喘息，過敏性腸症候群，慢性関節リウマチ，アトピー性皮膚炎，糖尿病などは，**ストレス関連疾患**の代表的なものです。もちろん，疾患の原因がすべてストレスだけに集約されるわけではありませんが，疾患の発症と経過にストレスが少なからず関与していることは間違いありません（図10.1）。

　このように見てみると，ストレッサーやストレス反応というものは，すべて悪者で，すべてなくしてしまう必要があると考えるかもしれません。しかし，ストレッサーのなかには，多くの課題を抱えてしまったり，家族関係がこじれたりするようなネガティブなことばかりではなく，昇進や結婚といったポジティブなことも含まれます。なぜなら，客観的にはポジティブな出来事として考えられていることであっても，新たな職務や生活環境に適応するために心理的な負荷がかかるためです。実際にホームズ（Holmes, T. H.）とレイ（Rahe, R.

1　ストレスの捉え方　● 115

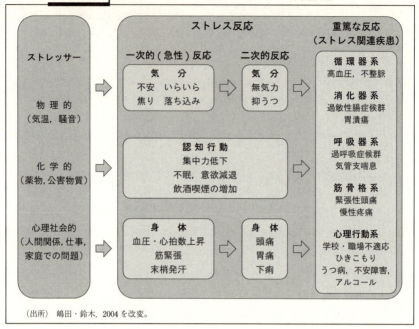

図10.1 ストレスのプロセスとストレス関連疾患
(出所) 嶋田・鈴木, 2004を改変。

H.) は，日常生活を大きく変えてしまうようなインパクトのある出来事（ライフイベント）を経験すればするほど，ストレス反応が強くなるという理論を示していますが，そのなかには，配偶者の死とともに，結婚，休暇といった内容が含まれています (Holmes & Rahe, 1967)。

また，適度なストレッサーは私たちが日常生活を営む上では，ある程度，必要であることが知られています。例えば，あらゆる感覚刺激を取り除いた環境下に長時間おかれると，多くの人は，幻覚や妄想といった症状が生じることが実験研究によって明らかにされています。これは，さまざまな環境変化に対応して，生理的状態を一定にするように調節する現象である恒常性を維持するためには，物理的な刺激であるストレッサーがある程度必要であることを示しています。また，ストレス反応の1つである緊張感について取り上げると，緊張が低かったり，高かったりする場合と比べて，中程度の緊張状態のほうが，パフォーマンスが向上することも示されています（ヤーキーズ・ドットソン逆U字仮説：図10.2）。もちろん過度なストレスは私たちの生活に悪影響を及ぼしますが，ストレッサーやストレス反応はすべて悪者というわけではなく，適度なレ

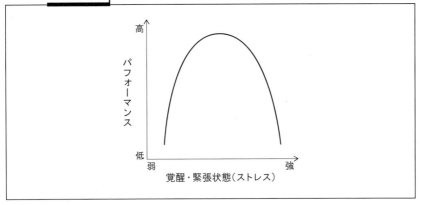

図10.2　ヤーキーズ・ドットソン逆U字仮説

ベルに保つという考えが大事なのかもしれません。

ストレスの原因だけでなく，そのプロセスに着目する

EPISODE ⑮

> スズキさんとタナカさんは，同じ病気に罹患してしまい，同じ病院で入院することになった。スズキさんは，病気や入院生活への不安や緊張が強く，夜の寝つきも悪いようである。一方で，タナカさんには，そのような様子はあまり見られなかった。

　ストレスを適度なレベルに保ち，うまく付き合っていくためにはどのようなことができるのでしょうか。ここでヒントとなるのが，**心理的ストレスモデル**の考え方です。ストレスという概念が生体に応用され研究が始まった当初は，主に身体的ストレスのメカニズムに焦点が当てられていましたが，いずれのストレス反応が生じるプロセスにおいても心理的要因が関与していることが知られるようになり，注目されるようになりました。そして，ラザルス（Lazarus, R. S.）とフォルクマン（Folkman, S.）は，「内外の環境刺激であるストレッサーと生体は双方向に影響を及ぼしており，この全体的相互作用の過程」（トランスアクショナル）をストレスとして捉えることを提唱しました（Lazarus & Folkman, 1984）。具体的に述べると，ストレッサーをどのように受けとめたかといった「①**認知的評価**」と，どのように対処したかといった「②**対処行動（コーピング）**」といった個人の心理的要因がストレス反応の表出に影響していると考え

1　ストレスの捉え方　●　117

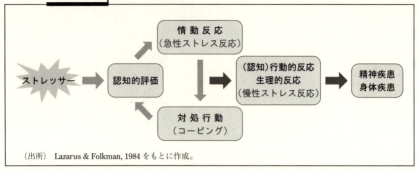

CHART 図10.3 心理的ストレスモデル

(出所) Lazarus & Folkman, 1984 をもとに作成。

たのです(**図10.3**)。先ほどのホームズとレイのストレス理論と異なるのは，ストレッサーに対する個人の反応の違いを説明したところです。例えば，EPISODE⑮で紹介したように私たちの生活のなかでも，同じストレッサーを経験しているにもかかわらず，ストレス反応が強く表出される人とそうでない人がいますが，そこには，個人の認知的評価や対処行動が関与しているといえます。

　これは，従来の「ストレッサーがストレス反応を引き起こす」という一方向的な考え方ではなく，「環境刺激と生体は双方向的に影響を及ぼし合う」とした点が大きなインパクトをもたらし，ストレスのマネジメント方法にも大きな影響を及ぼしました。例えば，従来考えられてきたように，ストレッサーがストレス反応を直接引き起こすのであれば，ストレスを適度なレベルに保つ方法として，ストレッサーを減らすという発想が出てくるかもしれません。しかし，ストレッサーを極力減らすような生活を想像してみてください。「レポート課題があるけど，疲れがたまるから放っておこう」「Aさんとの付き合いは大変だから，約束をキャンセルしよう」というように，ストレッサーを減らすことばかり考えていると，生活自体がうまくまわらないようになる可能性があります。実際に生活していれば，ストレッサーを経験しないで社会生活を営むことは，誰もが不可能といってよいでしょう。しかし，先ほどの心理学的ストレスモデルに基づいて考えれば，認知的評価や対処行動といった個人差要因を変化させることで，たとえストレッサーを経験したとしても，ストレス反応を緩和させることができるのです。この心理的ストレスモデルによって，ストレスをいくつかの段階からなるプロセスとして理解することができ，どのプロセスに

対してどのようにアプローチすればよいかを具体的に見つけることができます。この考え方は，対人援助を行う上でも，自分のストレスをマネジメントする上でも非常に役に立つ考え方です。

 対人援助におけるストレスの扱い方

> **QUESTION**
> 最近，課題や仕事に追われて，イライラしたり不安になりがち……このようなときにはどうすればいいのでしょうか。

すべては捉え方次第？

　ストレスの個人差を説明する要因として挙げた1つ目の「認知的評価」という概念は，ストレッサーやおかれている状況をどのように捉えるかということです。例えば，1週間後に手術を控えている患者さんが，「手術が失敗したらどうしよう」「手術をしてもよくならないかもしれない」とばかり考えていれば，気分は落ち込み，何も手につかなくなるかもしれません。一方で，「手術がうまくいけば，やれることも増えるかもしれない」「手術は怖いけど，改善のためには必要なことだ」というようなことも考えることができれば，いくぶん気持ちは前向きになるかもしれません。このように，病気を抱えた人であれば，手術や入院であったり，不登校の児童であれば学校といったように，本人にとってはストレッサーとなる可能性があっても，直面せざるをえない状況は時にあるわけです。しかし，ストレッサー自体を取り除くことは難しくても，ストレッサーに対する認知的評価を変化させることによって，ストレス反応を和らげることができるようになります（第4章参照）。したがって，対人援助を行う上では，客観的な出来事や事実関係に基づく理解とともに，その出来事を本人がどのように捉えているのか，ということを確認することが支援のヒントになるでしょう。

　このように事実は変わっていないにもかかわらず，自分の物事の捉え方に

CHART 図10.4 脳内メカニズム

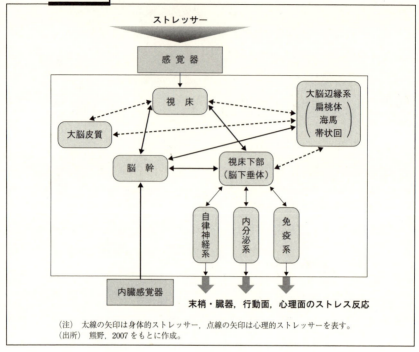

(注) 太線の矢印は身体的ストレッサー，点線の矢印は心理的ストレッサーを表す。
(出所) 熊野，2007 をもとに作成。

よって，気持ちが変化することを不思議に思われるかもしれません。この点について，神経心理学的観点から説明してみましょう。例えば，痛みなどの身体的ストレッサーは，生命の維持に重要な働きをしている脳幹の延髄を媒介するのに対して，心理的ストレッサーは，高次機能を担う大脳皮質や情動に関与する大脳辺縁系を媒介して，視床下部や視床に情報伝達されることが知られています。つまり，心理的ストレッサーでは，いったん高次機能を媒介するため，その刺激となるストレッサーをどう捉えるかを考えることが，ストレス反応に影響を及ぼすことになります（図10.4）。

WORK㉓

2人組になって，最近ストレスを感じた出来事を共有してみましょう。「①出来事，②考え，③気持ち」の順に整理した後，他の考え方をしてみたときの気持ちの変化を観察してみましょう。

いつも効果的なストレスの対処行動はない⁉

EPISODE ⑯

明日は英語の小テストが控えているが,そのことを考えると嫌になるため,好きなテレビを見たり,好きなお菓子を食べて,ストレスを発散した。

　ストレスの個人差を説明する大きな要因として2つ目に挙げたのは,「対処行動」(コーピング)です。私たちは,なんらかのストレッサーに直面すると,ストレッサーを取り除こうとしたり,別の視点からストレッサーを捉え直してみたり,実際に問題を解決したりすることで,ストレス反応を緩和しようとします。このようなストレッサーの除去やストレス反応の緩和を目的としてなされる認知的・行動的努力を「対処行動」(コーピング)といいます。ストレッサーに直面したとき,人はさまざまな対処行動を行うことが知られており,対処行動の分類としては次の3つの次元があります。それは,①直面する問題に接近しようとするストレス対処であるか,あるいは回避しようとするストレス対処であるかといった方向性に関する次元(接近-回避次元),②問題を解決することに焦点を当てた(問題焦点型)対処行動であるか,あるいは情動的な混乱の沈静に焦点を当てた(情動焦点型)対処行動かといった行動の焦点をどこに向けるかに関する次元(問題-情動次元),③行動的なストレス対処であるか,あるいは認知的な対処行動であるかといったストレス対処の表出系に関する次元(行動-認知次元)です。そして,ストレスと対処行動の関係性については,従来,問題焦点型の対処行動は,抑うつや不安といったストレス反応を緩和する作用をもち,情動焦点型の対処行動はストレス反応を増悪することが知られていました。しかしながら,問題焦点型の対処行動がストレス反応に有効なのは,ストレッサーのコントロールできる可能性が高い場合であり,コントロールできる可能性が低い場合には情動焦点型の対処行動のほうが有効であるとの指摘もあります。

　このように,ある特定の対処行動がいつも同じような効果をもつわけではないことがわかります。つまり,ある対処行動が有効か否かは,その対処行動のもつ性質や効果だけではなく,ストレス状況に対する認知的評価のあり方やストレス状況の文脈的変化によって異なり,環境に依存しているということです。

例えば，状況に適した対処行動が採用されれば，ストレス反応の緩和につながりますが，不適切であれば，逆にストレス反応を増悪させる結果にもなるということです。したがって，ストレスを緩和させるためには，ストレッサーに対するコントロール可能性やストレス状況の文脈的変化を正しく評価し，それに適切な対処行動を選択することが重要です。

対人援助においては，この考え方も有用です。つまり，いつも効果的な対処行動はないとするならば，対処行動の多様なレパートリーを身につけておくことが推奨されます。例えば，対人援助場面において相手の対処行動のレパートリーに関するアセスメントを行った上で，相手と一緒に何が具体的に問題となっているのかを明確にし，どのような対処行動がとれそうかを検討することができそうです。その際に重要なのは，例えば，転ばないように支援するだけではなく，転んだ後の対処行動についても話し合っておくということです。つまり，検討した対処行動が効果的であったかどうかは実際に試してみないとわかりません。もちろん，成功する可能性の高い対処行動を選択し，実行するように促すことは重要ですが，場合によってはそれがうまくいかないこともあるわけです。そこで，発揮したいのが柔軟性です。最初に行った対処行動が駄目なら，次は異なる対処行動をしてみようというように柔軟に対処行動を選択するように促すのです。対処行動も本人がこれまでの日常生活で学習して身につけてきたものですので，これから新しい対処行動を身につけるためには，「これまでこんな対処行動を実行していなかったけど，やってみたらうまくいった」といった日々の小さい成功体験を積み重ねることが必要です。この成功体験を積めるような計画を考えることが対人援助には求められています。

対人援助にストレス理解を活かす視点

先ほども述べたように，ストレッサーによってどのような対処行動が効果的かどうかは変わってきます。場合によっては，環境調整などを行い，ストレッサーを除去することもできますし，ソーシャル・サポートを得ることで問題解決に向かったり，安心感が得られることもあります。また，対処しようとしてもどうしてもストレス反応が生じることもあるため，そのときにはリラクセーションを行うなど，ストレス反応そのものを緩和することのできる方法を選択

します。このようにストレスを予防したり，緩和する方法はいくつかありますが，ここで述べたいことは，どの患者さんにも，いつも効果的なストレスの対処行動があるわけではないということです。裏を返せば，目の前の患者さんの状況や状態に合わせて，どのようにアプローチするかを検討し，選択できなければ，対人援助職が人である必要はないということになりかねません。したがって，対人援助においては，患者さんのストレスに対するセルフ・コントロール力を高めることが最終的には求められていますが，患者さんの状況理解や整理の枠組みとして心理学的ストレスモデルはきっと役に立つはずです。

3 ストレスマネジメントの実践

> **WORK ㉔**
> 自分にとってのストレッサーに直面した際の対処と，そのストレスに対する予防的な取り組みを考えてみましょう。

ストレスへの対処から予防へ

　ストレスは誰にでも関与するものであるため，精神疾患や身体疾患をもつ人だけでなく，学校に通う子どもたちや会社で働く成人，また老後を過ごすお年寄りに至るまで，あらゆる人たちを対象に考えることができます。近年では，ストレスが心と身体，生活に及ぼす影響が理解されるようになったことや医療費の増大といった社会的要請もあり，健康な人たちを対象とした健康心理学的応用へと拡大する方向にあり，疾病予防を念頭においたストレス反応の予防や改善のための支援が求められています。

　特に**青年期**においては，アイデンティティを確立し始める時期であり，自分らしさや生き方などについて悩んだり，友人や恋愛に関わる関係性の構築や親からの自立といったさまざまな葛藤を感じるなど，発達段階から見ても，ストレス過多になりやすい傾向にあります。またこの時期は生活上の変化も体験しやすいことも特徴です。例えば大学生になり，先輩やアルバイト先の上司など

の年齢の離れた人との付き合いが増えたり，はじめてひとり暮らしを経験したり，引っ越しで住環境が変わったりすることも大きなストレッサーになりえます。そのため，この時期にストレスに対する健康予防は重要です（第**9**章表9.4も参照）。

そして予防的な観点から見ると，青年期に至るまでの過程において，ストレス耐性の土台をつくるための**生活習慣**を身につけておくことは思いのほか大切です。なぜなら，ストレス反応が慢性化することで生活習慣が乱れることもありますが，生活習慣が乱れることで心理的ストレス反応を感じやすくなってしまうこともあるからです。例えば，食事を規則的にとらないことは血糖値を下げることになりますが，これは感情刺激を知覚し感情を生む役割を担っている扁桃体を活性化させることにつながります。一方，前頭前野はその扁桃体をコントロールする役割を担っていますが（第**4**章参照），生活習慣が乱れると，扁桃体が活動的になることで，前頭前野によるコントロールが効かず，なんでもない刺激に敏感に反応しやすくなり，結果的に，感情に振り回されたり，心理的ストレス反応を感じたりしやすくなることがあります。この前頭前野領域は他の領域と比較して発達が遅いことが知られていることからも，青年期において，食事や運動，睡眠に関する適切な生活習慣を身につけることは重要で，そのことは身体の健康を維持するだけではなく，心の健康を維持し，前向きに生活していく上では欠かせません。

ストレスマネジメントの実践的展開

ストレス反応を低減させたり，ストレス反応に対する抵抗力を高めたりするために，ストレスを自覚し，上手に付き合っていくことを**ストレスマネジメント**といいます。これは，心理的ストレスモデルに基づいて，個人の内外に体系的に働きかけるようなアプローチの総称をそのように呼ぶことからもわかるように，特定の技法というよりはむしろ，いくつかの技法群からなるパッケージを構成するものを指します。実際に，図10.3で述べた心理的ストレスモデルの各フェーズにアプローチする技法がそれぞれ含まれています。例えば，①外的なストレッサーを除去するために環境を整備することが挙げられます。また，外的（刺激）変数へのアプローチのみならず，個人の対処能力を向上させるた

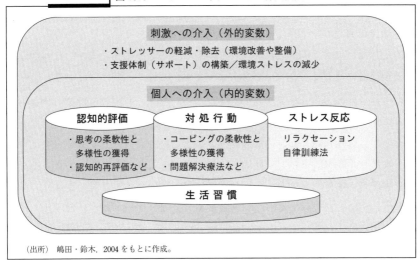

図10.5 ストレスマネジメントの介入技法

(出所) 嶋田・鈴木, 2004 をもとに作成。

めに、内的（個人）変数にも着目し、②認知的評価の過程においては認知的再評価が行われたり、③対処行動への介入では、問題解決療法、社会スキル訓練、ストレス免疫調整法、④ストレス反応への介入として、リラクセーションが行われたりします（図10.5）。

ストレスマネジメントの適用範囲は、臨床現場だけでなく、職場や学校などのさまざまな領域で実施されており、子どもから一般成人、高齢者の不安症状、ストレス諸症状、怒り感情、頭痛、疼痛、高血圧、アルコール依存といった幅広い対象を想定しています。例えば、教育領域においては、学校あるいは学級単位で授業の一環として、ストレス対処法や心身のリラクセーション法を学ぶことや、社会的スキルを獲得し、ストレス耐性を高めることを目的としたストレスマネジメントが展開されるケースが多くあります。教育的な観点から、対象者を選定せずに実施することが多いので、どちらかといえばストレスに関する健康教育的、あるいは予防的な取り組みとして位置づけられ、学校への満足感や適応感を向上させることも目的として実施されています。

また、産業領域においても、精神疾患による休職者の増加などの影響を受け、ストレスチェックなどのメンタルヘルスに対する対策が実施されるようになり、そのなかに労働環境の改善のための組織的アプローチと個人のストレス耐性を高める個人アプローチが組み込まれたストレスマネジメントが実施されている

ケースも多くあります。また会社の場合には，ストレスを低減することと同時に，社員が前向きに業務に取り組み，パフォーマンスや生産性を高めることを目的としたプログラム構成がなされていることもあります。また，これらは，会社が社員に対して行うサービスもありますが，社内評価につながるとの懸念もあることから外部企業がその役割を担うサービス（EAP：Employee Assistance Program）も活用され始めています。

そして，医療領域における看護師や介護士といった対人援助職を対象としたストレスマネジメントは，予防的な位置づけとして実施されています。また，災害被災者や事件などのトラウマ体験者に対しては，重篤なストレス反応を緩和させるために行われたり，生活習慣病患者に対しては，疾患に伴うストレスや疾患を維持・増悪させている要因にアプローチするように，一般人を対象とした取り組みと比較すると，ストレスの特徴を考慮したストレスマネジメントが治療的取り組みとして実施されています。

その他にも地域住民を対象とした健康の維持や増進を積極的に意識したストレスマネジメントなども実施されています。以上のように，ストレスマネジメントは，多様な目的と介入対象者に対して実施されていることがわかります。目的や対象者に応じて，どの技法を用いたパッケージを構成し，展開していくかが対人援助職の腕の見せ所の1つとなっています。そのため，対人援助職には，本章に挙げたようなストレスに対する正しい知識を身につけ，その理解に基づいた技能や実践力が求められているといえます。

CHECK

- ☐ 1 ストレッサーに直面し，ストレス反応が改善されずに，慢性化した状態になると，うつ病や不安障害などの（　　）や心筋梗塞，気管支喘息，過敏性腸症候群などの（　　）のリスクが高まり，不登校や欠勤の増加といった（　　）にまで影響をもたらす可能性がある。
- ☐ 2 ストレスマネジメントは，（　　）モデルに基づいたアプローチの総称であり，ストレッサーのみならず，（　　）と（　　）といった個人内変数に着目し，個人のストレス対処能力を向上させる。

さらに学びたい人のために　　　　　　　　　　　　　　　　Bookguide

嶋田洋徳・鈴木伸一／坂野雄二監修『学校，職場，地域におけるストレスマネジメント実践マニュアル』北大路書房，2004 年

熊野宏昭『ストレスに負けない生活――心・身体・脳のセルフケア』ちくま新書，2007 年

竹田伸也『対人援助職に効くストレスマネジメント――ちょっとしたコツでココロを軽くする 10 のヒント』中央法規出版，2014 年

CHAPTER 第11章

臨床における心の捉え方

INTRODUCTION

「心理学を学ぶと,相手の心を読めるようになりますか」と尋ねられることがあります。この章まで読み進めた読者のみなさんはすでにわかっていると思いますが,心理学は読心術や占いではないので,相手の心を"簡単に"見透かすことはできません。心理学では,科学的な手法を用いて,相手の言動や行動を分析して,「今,こんな気持ちなのかな」「こんなことを考えているのかな」と推測します。それはどんな方法なのか。この章で「こころ」を捉える方法を具体的に解説していきます。

この章のねらい

① 援助対象者の「こころ」を捉える方法を理解する
② 援助場面において，対象者のニーズや困りごとを正しく把握するため，またその人に適した援助を行うための心理アセスメントの方法や行動論的アセスメントの方法を学ぶ
③ 「こころ」の問題を正しく捉えるために必要な精神医学の知識についても学ぶ

KEYWORDS

心理アセスメント　心理査定　心理検査法　面接法　観察法
行動論的アセスメント　行動観察　セルフ・モニタリング　機能分析
精神疾患　DSM-5　ICD-10

1 心理アセスメント

QUESTION
援助の対象となる人と出会ったときに，その人に関して，どのような情報を得る必要があるでしょうか。

心理アセスメントとは

対人援助は，援助の対象者が，何に困っているのか，どのような援助を求めているのか，を正確に把握することから始まります。それらが正確に捉えられなかった場合，援助は的外れなものになったり，援助者の独りよがりなものになる傾向があります。

また援助の仕方は，その人のこれまでの生活の様子や，パーソナリティや行動の特徴に適した，1人ひとりに合わせたものであるほうが援助の効果が大きくなります。したがって，困りごとやニーズに加えて，生活背景，パーソナリティ，行動の特徴なども捉える必要があります。

このように，対象者に関するさまざまな情報を収集し，ニーズや問題を捉え，その人の特徴に合った援助方針を組み立てていく過程を「アセスメント」といいます。また，特に，心理的な問題や，その人のパーソナリティや行動パターンなど対象者の「こころ」を捉えることを**心理アセスメント**または**心理査定**と呼んでいます。

　「こころ」を捉える，心理を探ると聞くと，一般的には，深層心理テストや占いなどをイメージする人もいるかもしれません。しかし，形のない「こころ」を捉えるためには，より客観的で，科学的な手法がとられます。次の項では，そのような心理アセスメントの方法を紹介します。

心理アセスメントの方法

　心理アセスメントの方法は，大きく3つに分類されます。心理検査法，面接法，観察法です。

　心理検査法は，心理検査を用いたアセスメントです。心理検査には，知能検査，質問紙法，投影法，作業検査法といった種類があります。質問紙法，投影法，作業検査法は，パーソナリティの測定に使われます。パーソナリティ検査の種類の詳細については，第**5**章に述べてありますので，参照してください。心理検査法は，標準化された検査を用いることが多いため，対象となる人のパーソナリティや知能，症状を客観的に測定でき，信頼性が高いところが長所といえます。一方，検査の意図が相手に伝わりやすいため，回答が歪みやすいという短所もあります。

　面接法は，対象となる人との対話を通して，相手の情報を収集する方法です。

　面接法の長所は，相手の様子を直接観察することができ，対象となる人の態度を詳細に知ることができたり，話し方や表情，印象などさまざまな情報を得ることができることです。また状況に応じて質問の仕方などを柔軟に対応できることにあります。一方，面接法は，面接者との相互作用が結果に影響することや，面接者の意図する方向に質問が誘導されやすいという短所もあります。そこで，あらかじめ質問する項目やその順番などを決めている，構造化面接と呼ばれる面接法を用いることによって，それらの短所による影響を少なくすることができます。後述する DSM に基づいた診断面接（SCID：Structured Clinical

Interview for DSM disorders）や，精神症状の評価（例：ハミルトンうつ病評価尺度）を行う際には，構造化もしくは半構造化面接が用いられます。半構造化面接は，相手の反応に応じて，質問の表現や内容，順番を変えることができます。

観察法は，実際に生じる行動を観察，記録，分析して，行動の特徴を質的・量的に明らかにするための方法です。詳しくは，第2節で記述します。

以上のような，さまざまな心理アセスメントの方法を組み合わせて，対象となる人の心理的問題やパーソナリティ・行動パターンを収集し，援助方針を組み立てていきます（ケースフォーミュレーションと呼びます）。また，援助を行っている最中，その援助によって期待された変化が起きているかどうか，つまり，効果を評価する際にも心理アセスメントの方法が用いられます。したがって，心理アセスメントは，援助対象となる人との出会いから，実際に援助を行っている最中，そして援助を終了させるときというように，援助の期間を通じて行われます。

2 行動論的アセスメント

「こころ」の問題を行動から読み取る

「こころ」の問題は，身体の病気と異なり，原因や症状が目に見えにくいものです。したがって，どうして「こころ」の問題に至ったのか，どうして続いているのかについて，さまざまな憶測を立てて考えてしまうことがあります。

EPISODE ⑰ 共働きの両親のもとで育った小学2年生の女子。連休明けのある時期から，朝登校するのをしぶるようになり，学校を休む日が増えた。

EPISODE ⑰の登校しぶりの原因について，「小さい頃に母親に十分に甘えることができず，母親との心理的分離ができていないのではないか」という推測を立てたとします。このような推測において，対象となる人の内面にばかり注目してしまい，おおまかな推測を立ててしまうことは，あまり効果的な援助につながりません。登校させるかわりに母親と自宅で一緒に過ごす時間を増や

せば，生徒が登校できるようになるとも限りません（むしろ悪化するでしょう）。そうではなく，学校に登校する，もしくは登校せずに自宅で過ごすという，観察可能な「行動」に注目すると，そのような行動はどのようなときに起こるのか，その行動の結果としてどんなことが起こるのかというように，彼女の苦痛に関心がよりもてるようになり，「こころ」の状態が理解しやすくなります。

CASE ⑦

入院中のうつ病患者さんで，なにごとにも無気力で生きがいを見失ったような患者さんがいました。この患者さんへの援助を考えるにあたり，「気力がわくようにしてあげよう」「生きがいを見つけられるようにしてあげよう」ということを援助の目標として考えましたが，なかなかうまくいきませんでした。

このような漠然とした目標では，いったいどのような援助を行っていけばよいのかということが明確になっていきません。また，どのようになったら，「気力がわいた」「生きがいが見つかった」ということになるのかという点も曖昧です。

無気力になっている「こころ」の状態ではなく，院内のプログラムへの参加回数や他患者との会話数など，観察可能な「行動」に注目するとどうでしょうか。それらの行動は観察することができ，どの程度，無気力な状態であるのかを把握することができます。そして，「院内のプログラムに参加できるように，時間の前に声かけをしよう」「他の患者との会話が楽しめるように，会話の練習をスタッフとするようにしよう」など，関わりへのヒントも見つかりやすくなります。また，チームで対応する際，「こころ」の推測ではなく，誰でも観察可能な「行動」に注目することは，問題を共有することに有用であるといえます。

次は，実際に，行動に注目してアセスメントを行っていく方法について，述べていきます。

行動論的アセスメントの方法

(1) 行動観察の方法

行動論的アセスメントにおいては，どのような状況で，どんな行動が起こっているのか，その結果どうなっているか，そして，どの程度，どれくらいの強

さの行動が起こっているのか，を観察することは重要です。このような行動アセスメントの目的に応じて，**行動観察**の手続きは，次の3つの方法が用いられます。

> ①**場面見本法**……場面見本法は，行動が生じやすい場面を選んで，その場面におけるすべての行動を観察・記録する方法です。問題となる行動の特徴やパターンなどを全般的に捉えることができます（例：児童の友人同士とのやりとりを観察するために，休憩時間のすべての行動を観察・記録する）。
> ②**時間見本法**……時間をある間隔で区切って，その時間内において特定の行動が起こるかどうかを観察・記録する方法です。特に，行動の頻度に関する情報を得るときに有用です（例：幼児の自由遊び場面を，1分ずつ区切って観察し，各分における特定の行動の頻度を記録する）。
> ③**行動見本法**……特定の行動に注目して，その行動が生じるきっかけや，行動の後の結果といった行動の一連の過程を分析していく方法です。行動が起こりやすい状況や行動がなぜ続くのかということに関する情報を得ることができます（例：他患者と言い合いになる行動について，その誘因や相手の反応，言い合いの結果について記録する）。

(2) **セルフ・モニタリング（自己報告法）**

第三者が行動を観察する方法ではなく，自らの行動（思考や気分を含む）を観察・記録してもらう方法もあります。これは**セルフ・モニタリング**と呼ばれるアセスメントです。

例えば，活動性の低いうつ病患者さんに，1時間ごとにどのような活動をしたかを観察・記録してもらう活動記録表（**図11.1**）や，強迫症（強迫性障害）の患者さんに自らの強迫行為の回数や時間を観察・記録（**図11.2**）してもらう方法などがあります。このような，セルフ・モニタリングは，アセスメントの目的だけでなく，自らの行動を観察・記録することによって，それらの行動が望ましい方向に修正・変容するという治療技法としての役割もあります。

(3) **行動記録のグラフ化**

行動論的アセスメントでは，行動の変化や変動にも注目します。上のような

CHART 図 11.1　活動記録表の例

	月曜日 6月3日	火曜日 6月4日	水曜日 6月5日
6-7 時	起床	就寝	起床
気分	ゆううつ（7）	―	ゆううつ（5）
7-8 時	朝食	起床	朝食
気分	ゆううつ（5）	ゆううつ（8）	ゆううつ（5）
8-9 時	ベッドでゴロゴロ	ベッドでゴロゴロ	ベッドでゴロゴロ
気分	ゆううつ（8）	ゆううつ（8）	ゆううつ（7）
9-10 時	ベッドで雑誌を読む	TVをベッドでみる	診察
気分	ゆううつ（5）	ゆううつ（6）	ゆううつ（5）　安心（4）
11-12 時	母親と会話	プログラムに参加	母と売店へ
気分	ゆううつ（4）　安心（7）	ゆううつ（4）　達成感（6）	ゆううつ（4）　達成感（5）
12-13 時	昼食	昼食	昼食
気分	ゆううつ（4）	ゆううつ（5）	ゆううつ（4）

CHART 図 11.2　強迫行為のセルフ・モニタリングの例

日　時	強 迫 行 為	回数・時間	気づき・備考
8月18日 午後 14：00	洗面所の蛇口がしまっているかどうか，何度も確認した	20 回 （10 分程度）	確認しだすと止まらない
8月18日 午後 15：00	出かけようと思い，ガスの元栓を何度も確認する	30 回 （20 分）	結局不安になり，外出を取りやめた。

　行動観察や自己報告による記録から，行動の頻度や回数をグラフにして表すことによって行動の変化や変動を見ていくことができます。

　図 11.3 は，無気力なうつ病患者さんが，自分の病室から出た回数のグラフ

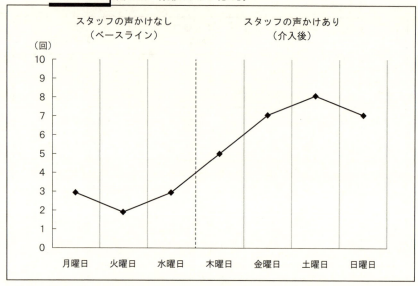

図11.3 行動のグラフ化の例

です。このように行動を観察してみると,患者さんは「いつも常に無気力」なのではなく,活動しているときもあります。そして,このように行動の変化を視覚的に表すことで,行動を維持している要因にも注目しやすくなります。

また援助や介入を行う前(ベースライン)の回数や頻度と,援助・介入後の結果を比較することで,効果を評価する方法としても有用です。

機能分析とは

「こころ」の問題や症状の手立てを考えるうえで,問題や症状を「行動」として捉え,その「行動」の影響性や役割に注目し,分析することを**機能分析**と呼びます。望ましくない問題行動や症状であったとしても,それが続いているのは,行動の影響性や役割,つまり行動に特定の機能があるのではないかと考えて,その機能を分析するということです。

機能分析を行うにあたっては,第**3**章で学習したオペラント条件づけにおける3項随伴性を1つの単位とします。問題・症状となる行動には,行動のきっかけや手がかりとなる先行事象(弁別刺激)があり,そして,行動の後に結果があると考えます。機能分析では,行動の前後に注目し,先行事象−行動−結果のつながりを検証します。

第3章でも学習したように，行動の後にその人にとってよい結果が伴ったり（正の強化），よくない結果が取り除かれる（負の強化）と行動の生起頻度が増えます。したがって，行動の後の結果を分析することで，行動を維持している要因を推測します。またこのような結果の効果を大きくする確立操作として，どのような状態や環境変化が影響しているのかどうかについても探っていきます。

　例えば，EPISODE ⑰の登校しぶりの女子児童の場合，登校をしぶる行動は，学校場面における嫌悪的な状況を避けることができ，不安が和らぐので続いているのではないか（負の強化の原理）。また登校しない結果として，母親が仕事を休んで一緒に過ごしてくれることがうれしくて，登校しぶりを増やしている可能性があります（正の強化の原理）。またそれは，学期や週のはじめなど，緊張が強いとき（確立操作）によく起こっているようでした。

　このように機能分析を行うことによって，どのようにしたら問題を改善できるのかという援助の手立てを考えるヒントが見つかります。

3　精神疾患に関する知識

精神疾患の診断分類

　「こころ」の問題について，治療や援助が必要な**精神疾患**かどうかについては，一定の基準に照らし合わせて，評価・判断していくことが，適切な治療や援助を行っていくためにも必要です。

　現在では，アメリカ精神医学会（APA：American Psychiatric Association）による「精神疾患の診断・統計マニュアル　第5版」(DSM-5：Diagnostic and Statistical Manual of Mental Disorders）と，世界保健機関（WHO）による「疾患および関連保健問題の国際統計分類　第10版」(ICD-10）における「精神および行動の障害」といった診断基準が世界的に使用されています。そして，わが国の多くの精神科医療では，これらの診断基準に照らし合わせて，精神疾患の有無を診断しています。比較的，DSMのほうがICDよりも使用される頻度が多いです。

> **Column ❼　精神疾患の診断分類の歴史**
>
> 　従来，精神疾患は，その原因（病因）に焦点を当てた分類がなされていました。代表的なものとして，病因として考えられるものから，外因性，内因性，心因性と精神疾患を分類する方法があります。
> 　外因性精神疾患は，脳外傷など外部からの刺激や衝撃を病因として考えられるものであり，脳器質性精神障害や中毒（薬物・アルコール）性精神疾患など。
> 　内因性精神疾患は，主に遺伝や脳内の神経伝達物質が原因と仮定され，統合失調症や双極性障害など。
> 　心因性精神疾患は，主に心理的ストレスが原因と仮定され，神経症や心身症など。
> 　このような分類は，病態の理解と精神科治療の発展にも大きく寄与するものでしたが，医学の目覚ましい進歩により，精神疾患の病因は，必ずしも，ある特定の1つに仮定できるものではないことがわかってきました。例えば，心因性とされていた神経症のうち，パニック症（パニック障害）や強迫症（強迫性障害）は，脳の機能異常も関連していることがわかり，内因性とも分類可能なのです。
> 　そこで，1980年に発表されたDSM-Ⅲにおいては，それまでの病因論分類ではなく，症候群に基づく分類（症候論的分類）が採用され，DSMは世界的に用いられる精神疾患の診断基準となりました。症候群に基づく分類とは，病因を前提とするのではなく，観察された症状のまとまりに基づいた診断分類であり，これは操作的分類とも呼ばれます。その後，さらにDSMは改定が重ねられ，2013年にはDSM-5が発表されています。

精神疾患の種類

　ここでは，対人援助職が出会いやすい精神疾患について，それぞれの症状と特徴を取り上げて，説明します。

(1) う つ 病

　うつ病は，DSM-5では，大うつ病性障害とも呼ばれます。うつ病は，「抑うつ気分の持続」と「興味または喜びの喪失」が主な症状です。この2症状があるかどうかについて尋ねることは，うつ病のスクリーニングに有用であるこ

とがわかっています（尾崎, 2005）。

DSM-5の診断基準によると、これらの2症状を含む、以下のような症状を少なくとも5つ以上が、同時に、2週間以上続く場合は、うつ病（大うつ病エピソード）と診断されます。

- ほとんど1日中、ほとんど毎日の抑うつ気分
- ほとんど1日中、ほとんど毎日、ほとんどすべての活動における興味や喜びがなくなる
- 食欲低下や、それによる体重の減少（もしくは過食と、それによる体重増加）
- ほとんど毎日の不眠（入眠困難、中途覚醒、早朝覚醒、またこれらによる熟睡感のなさ）、もしくは過眠
- 落ち着かない、または、動きがのろくなる
- 疲れやすい、気力ややる気の低下
- 考えがまとまらない、判断できないなど（例：その日に着る服や献立を決められない）、思考力や決断力の低下
- 必要以上に自分を責めたり、悲観的に考える傾向が強くなる
- 死に対する念慮が強まったり、自殺を計画する可能性がある

うつ病において、最も気をつけなければいけないことは、「死にたい」「消えてしまいたい」というように、死への反復的な思考が増えることと、それが自殺につながる危険があるということです。したがって、うつ病と診断された患者さんや、うつ病の傾向がある人への援助においては、見た目の表情や行動にとらわれず、希死念慮や自殺の計画性をあらかじめ評価するなど、自殺の危険を未然に防ぐような関わりが求められることがあります。

(2) 双極性障害

双極性障害も、うつ病と同様に、気分の障害の1つですが、うつ病と大きく異なるのは、気分の落ち込みだけでなく、気分が高揚するなどの躁状態が続くことです。

気分の高揚は、開放的な気分や自信がみなぎるような気分であったり、場合によっては、いらだちや攻撃的な気分を含みます。また、そのような気分が持続することで、いつも以上に活力がわいて活動的になることがあります。

さらに，そのような気分の高揚と活動的な期間の間に，以下のような症状を少なくとも3つ以上は伴います。

・自尊心の肥大，または誇大
・睡眠欲求の減少（睡眠時間を2〜3時間に削ってもよく休めたと感じる）
・普段よりも多弁になる
・頭のなかに，いくつもの考えやアイデアが次々と浮かぶ
・注意が逸れやすく，散漫になる
・学校や職場などで目標志向性の活動が増える（例：テストで高い点数をねらう，他人よりも良い業績をあげようとするなど）
・後先を考えない，衝動的な行動が増える（例：高額な買い物，投資，性的逸脱など）

双極性障害には，Ⅰ型とⅡ型があります。

双極性障害Ⅰ型は，以上のような躁の症状が1週間以上続いた時期（躁病エピソード）とうつの症状の時期（大うつ病エピソード）とが，それぞれ最低1回は経験している場合です。

一方，双極性障害Ⅱ型は，躁の症状が4日程度〜1週間未満続いた時期（軽躁病エピソード）とうつの症状の時期とが，それぞれ最低1回は経験している場合をいいます。

双極性障害の患者さんのなかには，躁状態を「元気になった」「自信が出てきた」と勘違いして，いつも以上に活動的になり，その後に大きなうつ症状を経験することが多くあります。また治療や服薬を中断してしまう場合もあります。したがって，双極性障害の治療においては，病気をしっかりと理解してもらうことが非常に重要です。

(3) 統合失調症

統合失調症は，思考や感情がまとまらなくなり，意欲や行動にも大きな障害をもたらす精神疾患です。統合失調症の症状は，陽性症状と陰性症状に大別されます。

陽性症状は，主に急性期に起こりやすく，妄想や幻覚といった思考や認知の症状があります。妄想は，客観的にはありえないことをそうだと信じることで，

被害妄想（例：近所の人が嫌がらせをしている），関係妄想（例：自分の歩いている姿を見て，通りすがりの人が笑った），誇大妄想（例：自分は神のような力をもった人物である）など，多様な種類があります。また幻覚とは，聞こえないはずの声が聞こえるという幻聴や，見えないはずのものが見えるという幻視といった症状です。幻聴は，本人を批判したり嘲笑うような声が聞こえることが多く，被害妄想や関係妄想と結びつくこともあります。このような妄想や幻覚は，本人にとっては本当のように感じられて，不安になったり，放っておくことができずに苦しんだりします。

一方，陰性症状は，感情が鈍麻し，他者との意思の疎通が難しくなります。また自発性や意欲が低下して，身の回りのことに関心がなくなったり，人との交流を避け自閉的な生活になる傾向があります。

統合失調症は，青年期に好発しやすい精神疾患の1つですが，早期発見・治療により，長期的な回復を望める場合も増えてきています。統合失調症の患者さんは，病気の認識能力も障害されることがあり，自らでは症状の発症や悪化に気づかないことが多くあります。家族や周囲の人たちが，いつもと違うという様子や症状に早く気づいて，適切な治療につなげることが重要です。

(4) 不安症（不安障害）と強迫症（強迫性障害）

不安とは，はっきりとした恐怖の対象がないにもかかわらず恐れることであり，治療や援助の対象となる不安症は，不安や恐怖が通常の範囲を超えていて，過剰な不安や恐怖によって，生活に支障をきたしている状態のことをいいます。

DSM-5では，不安症は，パニック症，広場恐怖症，特定の恐怖症，社交不安症（SAD），全般性不安症などが挙げられています。それぞれの主な症状を**表**11.1にまとめました。

また，不安症と関連して，強迫症（強迫性障害）は，頻繁に侵入的に生じる強迫観念と，それを中和しようとする強迫行為の繰り返しによって，生活に支障をきたす病気です。例えば，何か物に触れたときに，「他人の菌が手についた」「汚れてしまった」と思考やイメージが繰り返し頭に浮かび，それによって強い不安が喚起され，不安な気持ちをおさめようと，繰り返し手を洗うなどです。

これらの不安症や強迫症は，不安や恐怖を抱く必要のない状況や対象に，過

CHART 表11.1 DSM-5における不安症(不安障害)とその症状

	主な症状
パニック症	予期しないパニック発作が繰り返される。パニック発作は,突然に不安感・恐怖感におそわれ,数分以内にピークに達し,動悸や発汗,震え,息苦しさ,吐き気,寒気,めまい感,現実感消失などの多様な症状が起こる。
広場恐怖症	恐怖や不安を感じるために,逃げるに逃げられないような乗り物,広い場所や閉ざされた場所を避けていることが6カ月以上続いている。また,パニック発作やパニック様症状が起こることを恐れて回避している場合も含む。
特定の恐怖症(限局性恐怖症)	飛行機,高所,閉所,動物や昆虫(例:ヘビ,犬,蜘蛛など),血,注射など特定の場面に対して,不合理な恐怖を長く抱く。またそのような場面を避けるか,耐え忍ぶ。
社交不安症(SAD)	対人交流場面,人目を引く場面,人前での行動(板書,スピーチ,飲食など)において,自分の行動・態度を変に思われることを恐れており,場面を回避するか,もしくは不安や恐怖をもちながらひたすら我慢する。このような恐怖,不安や回避が6カ月以上続いている。
全般性不安症	さまざまな出来事について,過剰な不安と心配を感じる状態が6カ月以上あり,不安や心配がない日よりもある日のほうが多い。また不安や心配は,集中力低下や決断困難の認知機能の低下,そわそわやイライラなどの気分症状,頭痛や肩こり,下痢などの身体症状が伴う。

(出所) American Psychiatric Association, 2014.

剰な不安を感じることが誤って学習され,その不安を避けるための行動が強化され,生活しにくさにつながっています。したがって,不安や恐怖を感じる状況にあえて繰り返し直面することや,不安や恐怖や感じる状況においてそれらの感情を避けるための行動を行わずに不安や恐怖が自然とおさまることを体験することが症状の改善に有効であることがわかっています。このような心理療法の治療技法のことを,暴露法(エクスポージャー)と呼びます(第3章参照)。

(5) せ ん 妄

せん妄は,注意や意識の障害で,注意力が途切れたり,意識が混濁して,見当識や現実検討が乏しくなるといった症状があります。認知症とは異なり,短期間のうちに出現し,1日のなかでも症状の変化が起こることが特徴です。

DSM-5の診断基準によると,以下の症状をすべて満たした場合,せん妄と診断されます。

・注意の障害(注意の方向づけ,集中,維持,転換する能力の低下),および意識の障害(環境に対する見当識の低下)

- そのような障害は，短期間（数時間〜数日）のうちに出現し，1日のなかで重症度が変化することがある
- 認知の障害を伴う（例えば，記憶の欠落，場所や日付などの見当識の障害，幻覚や錯覚を見やすいなど）
- これらの障害が，他の神経認知障害（認知症など）ではうまく説明されない／また昏睡のような覚醒水準の著しい低下という状況下で起こるものではない
- その障害が他の医学的疾患，物質中毒・離脱，または複数の病因による生理学的結果により引き起こされたという証拠がある

せん妄は，大きな手術の後や，がんの終末期など，環境の変化や活動性の低下によって起こりやすい症状です。上の症状以外にも，怒りやすくなる，落ち着きがなくなる，徘徊や転倒などの行動上の問題が起こることもあります。

(6) 摂食障害

摂食障害には，食行動の異常が日常生活に支障をきたしている状態であり，大きく分けて，神経性無食欲症と神経性大食症があります。

神経性無食欲症は，一般的にいう拒食症であり，太ることへの恐怖が強く，厳しい食事制限，嘔吐や下剤による排出を行って，体重を維持したり増えることを拒むことが特徴的です。また，適正体重よりも下回っているにもかかわらず，自分は太っていて醜いというようにボディイメージがゆがんでいて，このことがさらに太ることを避けることにつながっています。

神経性大食症は，一般的にいう過食症であり，無制限に大量に食べることがあり，その後に体重の増加を避けるために，極端な絶食，過度の運動，あるいは嘔吐や下剤などによる排出といった代償行動によって，食べた物の埋め合わせをしようとします。

摂食障害は，思春期から青年期までの女性での発症が多く，過激なダイエットや心理的ストレス（例：失恋，受験失敗など）が発症のきっかけになることがあります。体重や食行動をコントロールするという行動は，太ることへの恐怖を避けられるだけでなく，自信や自尊心を保つことや達成感につながることにより，どんどんとエスカレートしていくのです。また最近では，女性だけでな

く，外見や体形を気にする男性にも増えています。

CHECK

☐ 1 （　　　）とは，援助の対象となる人の相談事だけでなく，パーソナリティ特性や行動パターンなど幅広い情報を収集し，援助の方針を立てる過程である。

☐ 2 援助の手立てを考えるために，問題となる行動の前後に注目し，行動の機能を分析することを（　　　）という。

☐ 3 うつ病の主な症状は，抑うつ気分の持続と（　　　）であり，これらの症状が（　　　）週間以上続くとうつ病が疑われる。

さらに学びたい人のために　　　　　　　　　　　　　　　　　　　Bookguide

杉山尚子『行動分析学入門――ヒトの行動の思いがけない理由』集英社新書，2005年

丹野義彦・坂本真士『自分のこころからよむ臨床心理学入門』東京大学出版会，2001年

CHAPTER

第 12 章

悩み回復する心
心の不調とカウンセリングの心理学

INTRODUCTION

〈アオキさんのケース〉

　アオキさんは，大手電機メーカーで働く営業マンです。営業成績は大変優秀で，数年前には社長表彰を受けたこともありました。最近，活躍が認められて新商品発売のプロジェクトリーダーを任されました。上司からは，社を挙げたプロジェクトなので必ず成功させてほしいと言われており，光栄ではありながらもプレッシャーを抱えながらの激務が続く毎日となりました。この数カ月は，毎日，23時を過ぎての帰宅の日が続き，休日もイベントや書類作成などでほとんど休みがありません。プロジェクトも当初

予定していたような成果がまだ上がっておらず，上司からの叱咤激励も強まる一方でした。アオキさんはこのような生活を送るうちに，なかなか夜寝付けなくなってきました。床に入ると次の日の予定や，やり残した仕事が頭に浮かび，心配したり後悔したりして眠れません。やっと眠れたと思っても，明け方3時頃目が覚めてしまい，その後は眠れず，布団のなかでまどろむ毎日になりました。身体の疲れも蓄積して，とうとう会社を遅刻したり，重要な打ち合わせに欠席してしまう日も出てきました。また，そのような自分を責める気持ちも強くなり，すっかり自信をなくしてしまったようです。上司はこのようなアオキさんを心配し，医者にちゃんと見てもらうように促しました。数日後，アオキさんは「うつ病」と診断され，しばらく休職して静養することになりました。

〈ヤマダさんのケース〉

不整脈の治療のために外来通院している患者のヤマダさんは，「また発作が起こるのではないか」ということが不安で仕方ありません。主治医の先生からは，激しい運動でなければ身体を動かしても大丈夫ですよと言われていますが，身体を動かして少しでも動悸がするとそれが発作につながるのではないかと考えてしまい，家ではほとんどベッドで過ごしています。最近は，トイレやお風呂なども1人では行くことができなくなり，家族の介助が必要になってしまいました。家族も心配して，主治医の先生に相談したところ，心臓の状態としては日常生活に問題ないとのことでした。このことを本人に話しましたが，「こわい」の一点張りです。家族としては，本人の気持ちに沿うようにしてあげたい思いもありますが，一方で，このままでは本当に何もできなくなってしまうのではないかと心配です。

この章のねらい

① 心の不調の現れ方について理解する
② 心のケアのミニマムエッセンスを学ぶ
③ 心のケアの実践を知る

KEYWORDS

心の不調　カウンセリング　物理的環境要因　人間関係　個人内要因
遺伝的・生得的要因　行動理論　認知理論　認知行動理論
個人カウンセリング　グループ・カウンセリング
ヘルス・プロモーション

1　心の不調の現れ方

　まず，INTRODUCTION のアオキさんのケースを見てどのような印象をもったでしょうか。周囲も憧れるような第一線の営業マンが，仕事の難しさや忙しさから，心身の体調を崩し，静養が必要な状態になってしまいました。仕事のストレスは大変だったと思いますが，能力もあり，周囲からの信頼も厚いアオキさんが，なぜここまで追い込まれてしまったのでしょうか。「心の不調」は，一般に，その人の後ろ向きな性格や心の弱さが原因のように思われがちですが，アオキさんのケースのように，普段から前向きで頑強な人であっても，強いストレスがかかったり，周囲のサポートが得られないことで，心身の不調は現れてくるのです。

　一方，ヤマダさんのケースでは，どうでしょうか。ヤマダさんはとても不安が強く，不安がゆえに生活に支障をきたしていることがわかります。命に関わるような病気を抱えた方の心情としては当然のことです。対人援助者としては，このヤマダさんの不安に寄り添い，少しでも不安が和らぐように，見守っていきたいものです。しかし，ここで少し考えなければいけないことは，ヤマダさんの不安に寄り添い，ヤマダさんの望む介助をすることで，本当にヤマダさんの不安は小さくなるでしょうか。家族の心配は解消されるでしょうか。ヤマダさんの病状は快方に向かうでしょうか。

　いずれも疑問です。ヤマダさんの不安にだけ目を向けるのではなく，ヤマダさんの不安の悪循環や，家族の対応の仕方，さらにはヤマダさんが本当に望んでいることなど，ヤマダさんをとりまく生活全般からこの問題を理解していく必要がありそうです。

心の不調の背景要因

　私たちの不安や落ち込み，悩みやとまどいなどは，心のなかだけでつくられるものではなく，仕事や人間関係，生活様式や行動パターンなどのさまざまな背景要因の相互作用によって生じています。**カウンセリングや心のケアを行っ**

ていく際には,「感情」のみに焦点を当てるのではなく,「感情」の背景要因を探る必要があります。また,不安や落ち込み,イライラなどの不快な感情は,日常生活においてたびたび経験されるものですが,一時的に不快な感情を経験したからといって,すぐにカウンセリングが必要なわけではありません。心理相談に訪れるクライエントさんは,そのような不快な感情やうまくいかない生活が長期にわたって維持されていることが問題となって来談されます。すなわち,心の不調を理解するということは,不快な感情が維持され,悪化した「背景要因の悪循環」を見極めていく必要があるともいえるでしょう。

私たちの心の不調の背景要因となりうる主要な要素としては以下のようなものがあります。

(1) **物理的環境要因**

仕事や学業など与えられた課題の量や困難さ,勤務時間の長さや不規則さ,おかれた環境の過酷さ（気温,湿度,危険さ）,与えられた役割の葛藤や責任の重さなど,私たちの生活をとりまくさまざまな状況要因が**物理的環境要因**にあたります。状況要因が個人に与える負荷が大きいほど,またそれを受けとめる人の主観的評価が否定的であるほど,心身の健康に及ぼす影響は大きくなります。

(2) **人間関係**

家族,友人,職場や学校の人間関係など,私たちをとりまくあらゆる**人間関係**は,私たちの「喜びや支え」となる反面,ひとたびうまくいかなくなれば,大きなストレスとなります。また,人間関係のトラブルは,長期化すると,孤立感や疎外感,あるいは相手への敵対意識や嫌悪感が強まっていき,それによって生活に大きな支障をきたし,深刻な心の不調に陥ることもあります。

(3) **個人内要因**

同じような厳しい状況におかれたとしても,心の不調を感じる人もいれば,うまくやり過ごすことができる人もいます。そこには個人の対処能力やストレス耐性の個人差,つまり**個人内要因**が影響しています。これまでの研究では,ストレスへの対処行動や社会的スキルのレパートリー,ソーシャル・サポートの豊かさ,ものの見方や考え方のスタイルなど,さまざまな要因が個人差を生じさせることが明らかにされています。

(4) 遺伝的・生得的要因

　生まれながらにもつ脆弱要因として、いくつかの精神疾患について遺伝的リスク（遺伝的・生得的要因）が指摘されています。また、対人コミュニケーションの困難さや、衝動的行動のコントロールの難しさの背景としていくつかの発達障害が関与していることもわかっています。

　以上のように、心の不調の現れ方にはさまざまな要因が関与しており、その人のおかれた状況とその人の乗り越える力との兼ね合いのなかで決まってくるのです。

 カウンセリングの基本

> QUESTION
> みなさんは、友だちの悩みの相談にのってあげたことがありますか。きっと、優しく丁寧に話を聞きながら、今後どうしていけばよいか友だちと一緒に考えてあげたのではないでしょうか。さて、それではみなさんが友だちにしてあげた「悩み相談」と「カウンセリング」はどこが違うのでしょうか。

カウンセリングの流れ

　「悩み相談」も「カウンセリング」も、話を丁寧に聞きながら、今後のことについて一緒に考えるという点では大きな違いはありませんので、外見的には同じように見えても不思議ではありません。しかし、大きく違う点は「目的意識」と「専門性」です。カウンセリング（臨床心理学的介入）では、相談者（クライエント）の悩みの背景にある悪循環を「専門性」に依拠しながら整理・分析していきますので、クライエントから得られる情報をさまざまな心理学の理論と照らし合わせながら、悩みの形成・維持・増悪のプロセスを見立てていくのです。また、カウンセリングの「目的」は、クライエントの悩み（困りごと）の解決にありますので、思いつきでアドバイスはしません。たとえ、誠実に一

CHART 図 12.1 カウンセリングの流れ

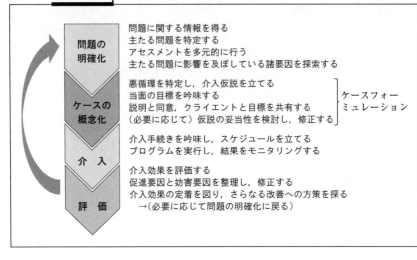

生懸命考えたアドバイスであっても，それが根拠のない，あるいは効果のないものであれば，カウンセリングとしては失格です。カウンセリングでは，専門性に基づく問題分析から構築された臨床仮説に基づいて，具体的な介入計画を立案し，それを実施しながら介入効果を検証し，微修正を繰り返しながら介入目的を達成していくプロセスが重要となります。図 12.1 は，このようなカウンセリングのプロセスを示したものです。問題の明確化から，ケースの概念化（ケースフォーミュレーション：見立て），介入へと進みながら，評価を繰り返し，必要に応じて，さらなる情報収集やケースの再概念化を通して，より望ましい介入へと最適化のプロセスを行っていくのです。

カウンセリングの理論

(1) 面接の基本スキル

カウンセリングにおいて「目的意識」と「専門性」が重要であると書きましたが，それを支える基礎は何かといえば，やはり「話を聞く」ことです。クライエントが，安心して自分の悩みや苦しみを話すことができ，また，話していくことで自己理解を深め，落ち着きを取り戻していくことができるような面接を展開することができなければ，決して有効な介入は実現しません。しかし，「上手に話を聞く」と言うのは簡単ですが，実践するのは難しいものです。表

CHART 表12.1	面接法における基本的な心構え
・関　心	
・受　容	
・理　解	
・敬　意	
・誠実さ	
・丁寧さ	
・適切な共感性	
・保護的態度	
・専門家としての態度	
・変化への期待感の醸成	

CHART 表12.2	面接法における基本的な対話技術
関わり行動	表情，態度，声の調子，視線
質問形態	閉ざされた質問と開かれた質問
間のとり方	ゆとりをもった聞き方，相手のペース
言語スキル	感情への焦点づけ，反映，言い換え，要約，確認
聞き方スキル	自由に話せる雰囲気づくり 理解的態度（批判しない，価値評価しない）

12.1と表12.2は，心理面接を行う際のカウンセラーの基本的な心構えと，応答技術（受け答えや，言葉かけ）について示したものです。基本的な心構えとしては，穏やかに関心を示しながら，優しく受けとめ，丁寧に対応していくことが大切だといわれています。一方，応答技術としては，受容的な態度を示しながら，クライエントが自分の気持ちを自由に言葉にできるような質問（開かれた質問）を織り交ぜながら，相手のペースに合わせて，クライエントの体験や感情を，反復したり，確認したり，要約しながら，互いに理解を深めていくようなやりとりをしていくことが推奨されています。

(2) カウンセリングを支える臨床心理学の理論

　カウンセリングの専門性を支える臨床心理学の理論にはさまざまなものがあります。ここでは，代表的で汎用性の高い主要な理論に限って紹介いたします。

①**行動理論**……心理学の基礎理論である学習理論（第3章参照）を臨床応用したアプローチです（代表的な研究者はアイゼンク：第5章も参照）。私たちの感情や行動はなんらかの経験を通して形成された（学習された）ものであり，クライエントの「悩み」の背景には，さまざまな気分・感情や行動様式が学習され，習慣化し，悪循環を形成していると考えます。したがって，「悩み」の解決には，その悪循環をくい止めるための具体的な対策を学習のプロセスに沿って検討するとともに，適応的な行動を新たに学習していくことが重要であると考えるのです。

②**認知理論**……気分や感情に影響を及ぼすものの見方や考え方（認知プロセス）の特徴に着目したアプローチです（代表的な研究者はベック：第5章も参照）。この理論では，私たちの思考を，自動思考，媒介信念，中核信念とい

CHART 表 12.3　推論のあやまり

① 破局的推論 (catastrophizing)	現実的な可能性を検討せずに，否定的な予測をエスカレートさせること
② 読心術推論 (mind reading)	他者が考えていることを確認もせずに，自分はわかっていると思い込むこと
③ 個人化の推論 (personalization)	出来事のなりゆきや結果を自分のせいだと思い込むこと
④ 選択的抽出推論 (selective abstraction)	ある特定の事実だけを取り上げて，それがすべての証拠であるように考えること
⑤ トンネル視 (tunnel vision)	出来事の否定的な側面のみを見ること
⑥ レッテル貼り (labeling)	自分や他者に固定的なラベリング（たいてい否定的な）をすること
⑦ 全か無か推論 (all-or-nothing reasoning)	少しの失敗や例外を認めることなく，二分法的に結論づけをすること
⑧ 自己と他者のダブルスタンダード (double standard between self and others)	自己にだけ他者と異なる厳しい評価基準をもつこと
⑨「すべし」評価 (should / must statements)	自己や他者に対して，常に高い水準の成果を要求すること

(出所)　鈴木・神村，2005。

う階層構造から理解し，不安や抑うつ，怒りや悲しみといったさまざまな感情の背景にある特徴的な考え方が明らかにされており，不快な感情を維持している極端で偏った考え方（「認知のゆがみ」あるいは「推論のあやまり」と呼びます；表12.3）を臨床的関わりを通して柔軟にし，多角的な視点から自己や周囲の状況を見ることができるように促していくことが重要であると考えられています。

③認知行動理論……行動理論と認知理論それぞれのよいところが融合し，人間のさまざまな心理的問題の理解と解決に応用できる包括的な理論として体系化されています。この理論に基づき，さまざまな精神疾患やストレス関連疾患，社会不適応（学校不適応や職場不適応），身体疾患の予防や予後管理などを支援する臨床プログラムが開発され，その効果が科学的に実証されています。

④その他の理論……その他の伝統的な臨床心理学理論としては，私たちが自分で意識できない（無意識の）心の葛藤や抑圧が心理的問題の中核であると

考える精神分析理論や、人間の「体験」と「自己概念」が私たちの人間性を形成し、両者のずれが不適応をもたらすと考える人間性心理学理論などがあります。

3 対人援助におけるカウンセリングの活用

個人カウンセリング

　個人カウンセリングでは、クライエントの生活状態や困りごとの内容を詳しくアセスメントし（アセスメントの詳細については第11章参照）、個別の目標設定をした上で、一定期間（数週間〜数カ月）にわたって定期的（週に1回ないしは2週に1回程度）に心理面接を行っていきます。クライエントの症状や問題に応じた柔軟な面接を構成していくタイプのカウンセリングもありますが、先に紹介した認知行動論に基づく認知行動療法では、症状ごとに治療効果が実証された標準的な治療プログラムが開発されており、プログラムの枠組みに基づいてクライエントの問題をケースフォーミュレーションし、その内容に応じてプログラムを最適化しながら展開していくカウンセリングも広く実施されています。

CASE ⑧

　小学3年生のアキコさんは、クラスの友だちと些細なことで言い合いになってしまい、それ以来、クラスになじめなくなり、学校を休みがちになってしまいました。この状態を心配したアキコさんのお母さんは、担任の先生やスクールカウンセラー（SC）の先生に相談した結果、アキコさんはSCのカウンセリングを定期的に受けることになりました。SCの先生は、アキコさんの気がかりなことや心配なことを丁寧に整理しながら安心感をもてるように支えるとともに、お昼休みにはアキコさんが心許せる友だちとの交流の機会をつくりました。アキコさんは友だちとの交流のなかで、友だちとの会話やクラスで過ごす自信を少しずつ取り戻していきました。

グループ・カウンセリング

　同じ病気で苦しむ患者さんや同じような悩みを抱えた人を対象としてグルー

プを構成し，症状の改善や問題の解決に役立つ共通した知識やスキルなどを学ぶ場として**グループ・カウンセリング（グループ療法）**が活用されています。グループカウンセリングの実践例としては，以下のようなものがあります。

- うつ病患者の集団認知行動療法プログラム
- うつ病求職者の復職支援プログラム
- 社交不安症の集団認知行動療法プログラム
- 強迫症の集団認知行動療法プログラム
- パニック症の集団認知行動療法プログラム
- がん患者の集団問題解決療法プログラム
- 薬物依存やアルコール依存症患者のセルフヘルプ・プログラム
- 統合失調症患者を対象とした社会的スキルトレーニング
- 触法精神障害者や性犯罪者を対象とした再犯防止プログラム

グループ・カウンセリングには，個人カウンセリングにはない①サポート機能（お互い支え合う），②教育機能（メンバー同士で学び合い，教え合う），③強化機能（各メンバーの取り組みを他のメンバーが励まし，強化する）などがあり，治療への動機づけの向上や社会性の回復に効果的な方法として活用されている。

ヘルス・プロモーション

カウンセリングは，心の問題の解決だけでなく，健康的な生活習慣の形成や，生活習慣病の予防，ストレスマネジメント，職場のメンタルヘルスなどさまざまな健康増進のための**ヘルス・プロモーション**にも活用されています。その多くが，認知行動療法に基づくプログラムであり，気分・感情の問題だけでなく，不健康につながるような生活習慣や行動パターンなどに焦点を当て，心理－行動－身体の悪循環を分析しながら，望ましい生活様式を獲得していくための指導として展開されています。

CASE ⑨

イトウさんは 45 歳になるサラリーマンです。最近，健康診断で太りすぎ，メタボリックシンドロームと診断され，保健指導を受けることになりました。営業マンをしているイトウさんは，外食が多く，食事時間も不規則で，どうしてもカ

ロリーの高いものを空腹状態で一気に食べるような生活になってしまいます。

CASE⑨の保健指導では，まずこの生活における食事行動の記録とその対策が検討されました。その結果，問題点として指摘されたのは，①朝食べずに出勤して，昼食に麺類とごはんのセットを食べることが多いこと，②夜遅くに帰宅する途中に，コンビニエンスストアでお弁当とカップラーメンを買って夜中に食べること，などが指摘されました。イトウさんは，身体に良くない食べ方であることはわかっていながら，仕方がないからやっているということでした。そこで，保健師さんは，簡単なもの（おにぎりやフルーツヨーグルトなど）でよいので，朝食を食べてから出勤することや，帰宅時まで空腹で過ごすのではなく，夕方に簡単にとれる間食（立ち食いソバなど）をとることを課題として設定し，その行動が実施できるように，その朝や夕方に時計のアラームが鳴るようにしたり，課題行動ができたときは手帳に○印をつけるようにして，頑張りを保健指導においてポジティブにフィードバックできるようにした。その結果，3カ月の取り組みで3キロ痩せることができ，その他の健康指標もよい方向に変化していることがわかった。

まとめ

この章で心の不調とカウンセリングの心理学について学んできました。カウンセリングというと「心のケア」というイメージが一般的ですが，実際にはもっと幅広い領域で活用されており，私たちの日常生活の身近な問題の支援方法として位置づけることができるでしょう。また，カウンセリングを実施する専門職も，心理学の専門家だけでなく，看護師や保健師，教育関係者や企業の人事管理担当者などもカウンセリングの理論や技術を学び本職の質の向上に活かしていくことが必要となっているといえるでしょう。

CHECK

□1　「こころ」の不調を理解するということは，不快な感情が維持され，悪化し

ていく（　　）を見極めていく必要がある。
- □2 カウンセリングを支える臨床心理学の主要な理論としては，行動理論，認知理論，（　　），精神分析理論，人間性心理学理論などがある。
- □3 グループ・カウンセリングには，個人療法にはない①サポート機能，②（　　），③強化機能（各メンバーの取り組みを他のメンバーが励まし，強化する）などがある。

さらに学びたい人のために　　　　　　　　　　　　　　Bookguide

鈴木伸一・神村栄一／坂野雄二監修『実践家のための認知行動療法テクニックガイド——行動変容と認知変容のためのキーポイント』北大路書房，2005年

鈴木伸一・神村栄一『レベルアップしたい実践家のための事例で学ぶ認知行動療法テクニックガイド』北大路書房，2013年

CHAPTER

第 13 章

衰え・老いと心

高齢者の理解と心理学

INTRODUCTION

あなたは「高齢者」にどのようなイメージをもっていますか。下記の文章に○か×かで答えてみましょう。何問，合っていましたか。

1. 大多数の高齢者（65歳以上）には記憶喪失，見当識障害，認知症などの老化現象が見られる
2. 高齢になると五感（視覚，聴覚，味覚，触覚，嗅覚）のすべてが衰えがちになる
3. 肺活量は高齢者になるとおちる傾向にある
4. ほとんどの高齢者は，いつも惨めさを感じている
5. 体力は高齢になると衰える
6. 少なくとも1割の高齢者は老人ホーム，精神病院など長期ケア施設に入所・入院している
7. 4分の3以上の高齢者は，日常生活にさしつかえないほど健康である
8. 大多数の高齢者は，時勢の変化に順応できない
9. 高齢者は通常，新しいことを学ぶのに時間がかかる
10. 高齢者は，若い人より反応が遅い
11. おしなべて，高齢者は似通っている
12. 大多数の高齢者は，めったに退屈しない
13. 大多数の高齢者は，社会的に孤立している
14. 大多数の高齢者は現在働いているか家事やボランティアを含む仕事

をしたいと思っている
15. 高齢者は歳をとるにつれて信心深くなる
16. 大多数の高齢者は，めったにいらいらしたり，怒ったりすることがない

（こたえ）1.×，2.○，3.○，4.×，5.○，6.×，7.○，8.×，9.○，10.○，11.×，12.○，13.×，14.○，15.×，16.○

（出所）小川，2001 より抜粋・改変。
（注）小川，2001 では痴呆となっていますが，本稿では認知症としました。

この章のねらい

① 心身の加齢に関する基礎知識を学ぶ
② 心理学の観点から見た高齢期の生活の特徴について知る
③ 高齢者を支援する際に重要となる事項について理解する

KEYWORDS

平均寿命　高齢化率　前期高齢者　後期高齢者　流動性知能
結晶性知能　ライフコース　ライフイベント　喪失体験　離脱理論
老年的超越理論　活動理論　補償を伴う選択的最適化理論　認知症
せん妄　中核症状　周辺症状　回想法
リアリティ・オリエンテーション　生活の質（QOL）

1　加齢および発達

QUESTION

まず，あなたがもっている「高齢者」のイメージを挙げましょう。その次に，あなたの周りの人や，芸能人などで，65歳以上の人を挙げましょう。高齢者のイメージは，あなたが実際に知っている65歳以上の人と一致しましたか。

加齢による身体の変化

　人は歳をとるのに伴って、さまざまな身体の機能が低下します。聴力はその代表的なものです。高い音（高音域）と低い音（低音域）とその中間の中音域では、加齢による聴力の低下は、高い音で生じやすくなります。例えば女性の高い声は、聞こえづらい場合があります。その他に、子音や言葉の区切り目が聞き取りづらくなることが知られています。つまり「低い声で」「子音を意識し」「言葉の区切りをはっきりつけ」て話すと、伝わりやすいといわれています。

　聴覚以外にも、身体の機能は年齢とともに低下していきます。まず、30代以降、筋肉や骨が変化します。75歳までに、筋肉量は若い頃の半分になるといわれます。40代以降は、眼、そして耳の力が低下し始めます。目には、近くのものに焦点を合わせにくくなる、薄暗い場所でものが見えにくくなる、色の感じ方が変化する、奥行きの認識力が衰えるといった変化が生じます。次に50代になると、味覚や嗅覚が少しずつ衰え始めます。これ以外に、加齢によって、むし歯になりやすく、皮膚は薄くなり、弾力を失います。汗腺・血管の数が減るため、身体の内側から表面まで血管を通して熱が逃げにくくなり、身体が冷えにくくなります。そのため、熱中症のリスクが高まります。

　なお、こうした身体機能の低下がありますが、人には十分な身体能力が備わっているため、機能が低下してもなお、多くの人には生きてゆくために十分な余力があります。高齢になって寝たきりなど支援が必要となる人の割合（介護保険において要介護と認定された人の割合）は、65～74歳までは3.0％、75歳以上では23.0％となっています（内閣府，2015）。多くの高齢者が、自立して生活していることがわかるデータです。

長生きになった日本人

　日本人の**平均寿命**は、戦後大きく伸びました。日本人の平均寿命は1950年に男性58.0歳、女性61.5歳でしたが、2013年には男性80.2歳、女性86.6歳となりました。また、人口に占める65歳以上の高齢者の割合（**高齢化率**）も急速に増えました。日本は1970年代まで先進諸国のなかで高齢化率が最も低かったのですが（1960年：5.7％）、1980年代に他の国を抜き、現在では最も高

齢化率の高い国となっています（2014年：26.0%）。今後は総人口が減少することもあって，高齢化率はさらに高まり，推計では2060年には39.9%に達するともいわれています（内閣府，2015）。

高齢者は，学問上の定義では**前期高齢者**（65～74歳）と**後期高齢者**（75歳以上）に分けられており，このうち前期高齢者は労働できる十分な体力をもつ人も多く，社会参加による生産活動への貢献も可能です。また，近年いわゆる「団塊の世代（1947年～1949年に生まれた人）」が高齢者になっており（内閣府，2013），従来の高齢者像とは異なる価値観をもった世代の高齢者が登場しています。

EPISODE ⑱

> 祖父は最近，運転に自信がなくなり，免許を返納したそうだ。「パッと反応するのが難しくなった。もの覚えも悪いしなあ」とのこと。でも，若い頃の話や，趣味の釣りの話，親戚付き合いなど細かいこともよく覚えていて，いろいろなことを教えてくれる。両親も何かと頼りにして，相談している。

知能の生涯変化

身体の機能は，個人差があるものの加齢とともに徐々に衰えます。知的な機能はどうでしょうか。図13.1は流動性知能の1つである数処理能力と結晶性知能の1つである言語能力の加齢による変化をグラフにしたものです。

流動性知能とは，新しい情報の獲得や獲得した情報の処理を行うための知能で，情報処理のスピードや記憶の容量，推理力などの能力が含まれます。流動性知能は30代にピークを迎え，60歳頃までは維持されますが，それ以降は急速に低下するといわれます。

結晶性知能とは，経験や教育などの影響によって形成される知能で，これまでの経験によって蓄積された知識や経験をもとにして日常生活の問題解決などを行う能力です。60歳頃まで徐々に上昇し，その後は緩やかに低下しますが，低下した後も20代に近い能力が維持されるといわれます。

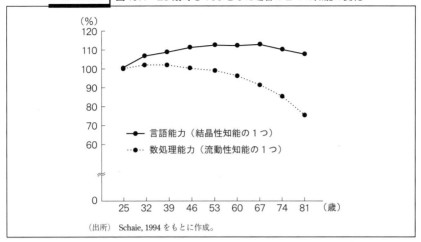

図 13.1　25 歳時を 100 とした場合の 2 つの知能の変化

（出所）Schaie, 1994 をもとに作成。

2　高齢期の生活

EPISODE ⑲

母が夕飯時に「佐藤さんちのご主人，定年退職してからすっかり元気がなくなって，毎日家でゴロゴロしているらしいわよ。佐藤さんは"熟年離婚かしら"と言っているの」と話をした。

高齢期の生活環境

　人は生まれてから死ぬまで，その人それぞれの道をたどって生きており，この人生の道のりは**ライフコース**と呼ばれます。ライフコースには，進学，就職，出産，育児，退職など個々人が体験する出来事があります。そうした個人の体験は，その時代の社会で起きた出来事に影響を受けています（例：大災害，産業や技術の発展）。

　「サザエさん」というテレビアニメでは，主人公のサザエさんは，自分の両親である波平・フネ，そして夫のマスオさんと同居し，タラちゃんという息子を育てています。サザエさんの原作は 1940 年代に生まれた漫画ですが，その当時は 3 世代が同居している家庭が今よりも多かったのです。しかし今（2010

年代）みなさんのなかで結婚後，両親と同居する人の割合は減っています。このように同じ「結婚・子育て」という出来事でも，その人が暮らしている時代の文化が違うため，内容は変わるのです。

高齢期のライフイベント

さて，人はそれぞれのライフコースにおいて，実にさまざまな出来事（イベント）を体験します。人生上に体験する，その人に大きな影響を与えうる出来事はライフイベントと呼ばれています。中高年期（研究によって多少違いがありますがおおむね 50〜74 歳の時期）に体験しやすいライフイベントを見ると（**表 13.1**），病気や怪我など身体の機能の低下，死別，引退など，**喪失体験**が多いことが特徴です。

そして，人生上の大きなイベントが生じ，生活に変化が起こると，日常生活でも慢性的なストレス体験（日常いらだち事）が起こります（**表 13.2**）。こうした生活上のさまざまな変化は心身両面の健康に影響を与えます。例えば，地域に住む高齢者について，暮らし向き（①ゆとりがある，②ふつう，③苦しい）の違いが，自覚的健康感，**ADL**（日常生活動作），喫煙，不眠，相談相手がいない，閉じ込もり，生きがい，抑うつ症状と関連していたという調査結果があります（岡野ほか，2012）。これは，経済状況が悪いという慢性的なストレスが，身体や心の健康に影響することを示す例です。

高齢者は不幸なのか

加齢によって個人差はありますが身体機能が低下し，退職などの喪失体験が増える高齢期ですが，高齢者の多くは，はたして不幸なのでしょうか。先行研究は，高齢者の多くが幸福感を感じているという結果を示しています。高齢期に幸福感を保つ心理的なメカニズムのうち，代表的なものを紹介します（中川，2010）。

離脱理論では，高齢になってもっている資源が低下することを見越して，社会的な活動から離れ，社会的な環境を縮小することで，主観的な幸福感を維持すると仮定しています。つまり，加齢により認知機能や身体機能が低下したり，あるいは社会的な活動ができなくなったりしたときに，今まで行っていたこと

CHART 表 13.1　中高年期に生じやすいライフイベント

病気・怪我	生活上の変化
自分の大きな病気や怪我 家族の大きな病気や怪我	財産・資産の損失・獲得 暮らし向きの急変
死　別	**事故・犯罪等の被害・訴訟**
兄弟姉妹との死別 親しい友人との死別 親との死別 配偶者との死別 子どもとの死別	対人関係のトラブル 家庭内で問題が起きた 夫婦関係のトラブル 友人や隣人とのトラブル 親戚とのトラブル
職　業	
自分の失業 自分の引退	

（出所）下仲, 1995 をもとに作成。

CHART 表 13.2　日本人中高年者の日常いらだち事の例

Ⅰ 子ども・家族	Ⅵ 社会的活動縮小
子どもとの関係がうまくいかない 親戚との関係がうまくいかない	地域社会にうまくとけ込めない 交際範囲が狭くなった
Ⅱ 自分自身	Ⅶ 仕　事
何のために生きているのか考えた 自分のすることが思うようにできない	職場での待遇が悪い 仕事が自分に合わない
Ⅲ 自分の健康	Ⅷ 年齢による差別
検査で身体の異常が見つかった 慢性の病気がある	年寄りだということで差別を受けた 年寄り扱いされた
Ⅳ 配偶者	Ⅸ 親
配偶者の世話をする必要がある 配偶者に友人がいない	親または義理の親の健康のことが気になった 親または義理の親との関係がうまくいかない
Ⅴ 生きがい感	Ⅹ 経済・家計
趣味がない 社会的に何もやっていない	家計のやりくりが苦しい 経済的なゆとりがなくいろいろな活動ができない

（出所）中村・上里, 2008 をもとに作成。

をやめたり、今の自分に見合った環境に縮小することで、つらい気持ちにならずにすむと考える訳です。離脱理論はその後、**老年的超越理論**として発展しています。単にそれまでの活動をやめる（離脱する）だけではなく、高齢になっ

て，やめなくてはならないこと，生産性が低くなったこと，他者に依存する必要が増えること，病気や障害などを受容することによって，つらい気持ちにならずにすみ，幸福感を維持すると考えます。

一方，**活動理論**では，高齢になっても積極的に自分なりに社会活動へ参加することによって，主観的な幸福感を増加させると考えます。

最後に，**補償を伴う選択的最適化理論**では，落ちた機能を補うような工夫（補償）をしながら，自分でできることを調節しながら続け，幸福感を維持すると考えます。例えば，高齢のピアニストが，演奏する曲目を減らし（目標を減らす），落ちたスピードを表現力で補い（減少した資源を他の資源で補う），減らした曲目を若い頃よりも時間をかけて練習する（自分に合わせた目標を自分にできる方法で取り組む）といった例が研究では紹介されています。

高齢者の心理的な援助

認知症

WORK㉕

認知症について知っていますか？
認知症について，クイズに答えてみましょう。

1. 歳をとると必ず認知症になる
2. 認知症は病気である
3. 認知症には，いくつかの種類がある
4. 認知症には，治るものと治らないものがある
5. 物忘れ（記憶障害）があると，必ず認知症と診断される
6. 認知症は初老期（65歳以下）でも起こることがある
7. 認知症になると，必ず徘徊行動が起こる
8. 認知症になっても，感情を伴う出来事は覚えていることがある
9. 認知症には，治療法はまったくない
10. 周囲の人の適切な関わりが，認知症の進行を緩和できる可能性がある

（こたえ）1.×，2.○，3.○，4.○，5.×，6.○，7.×，8.○，9.×，10.○

(出所) 久世・奥村, 2008をもとに作成。

> **EPISODE ⑳**
> 「ご近所のスズキさんちのおじいさん，先日の手術で入院したとき，暴れたらしいの。退院してからはお元気だけど。認知症だったのかしらね」と母が言った。認知症ってなんだろう。

　高齢期に生じやすい精神的不調のうち，ここでは，**認知症**について紹介します。認知症とは，さまざまな理由で脳細胞が働かなくなるために，不可逆的に記憶・判断力の障害などが起こり，社会生活や対人関係に支障が出ている状態（約6カ月以上継続）をいいます。加齢に伴い，誰でも記憶力が低下しますが，認知症は，こうした誰でも起こる物忘れとは違います。ちなみに，EPISODE⑳の「スズキさんちのおじいさん」は認知症ではなく，手術などの強いストレスがかかり急激に環境が変化した際に，一時的に認知機能が低下するせん妄だったと思われます。

　認知症は，その原因から「アルツハイマー型認知症」「脳血管性認知症」「レビー小体型認知症」「前頭側頭型認知症」などに分けられています。日本では，認知症である65歳以上の高齢者は，2012年度で7人に1人程度とされています。

　認知症の症状には，**中核症状**と**周辺症状**の2種類があります。中核症状とは，脳の神経細胞が損なわれることによって生じる症状で，周囲で起こっている現実を正しく認識できなくなることを中心に表れます（**表13.3**）。

　こうした中核症状が生じると，それまでできていたことができなくなった自分に自信がなくなる，記憶力が低下したことで「置いていたはずのものがなくなった」と思うことなどが生じやすくなります。これに，本人の性格や生活環境，家族などの要因が関係して，心理面や行動面にも症状が表れます（**表13.4**）。認知症の中核症状に伴う，これらの症状のことを周辺症状といいます。

　実際，どのような認知機能が低下するのでしょうか。認知症のケアで使用される，簡易な認知機能検査の内容を掲載しました（**図13.2**）。なお，実際には，訓練を受けた専門家が行うことが大切です。

CHART 表 13.3　認知症の代表的な中核症状

①記憶の障害	新しいことを記憶できず，すぐ前に聞いたことが思い出せなくなります。認知症が進行すれば，以前覚えていたはずの記憶も徐々に失われます。
②見当識の障害	見当識とは，今がいつ・どこで，自分が誰かという認識です。見当識の障害では，時間や季節感の感覚が薄れます。場所の感覚が薄れると，迷子になることもあります。病気が進行すると，自分の年齢や家族を認識することが徐々にできなくなります。
③理解・判断力の障害	思考スピードが低下します。また，2つ以上のことを同時に判断できなくなる，いつもと違う出来事が起きると混乱しやすくなるといったことが起こりやすくなります。銀行ATMが使えなくなるといったことが生じます。
④実行機能の障害	自分で計画を立てることや，予想外の変化に柔軟に対応する力が低下します。料理がうまくつくれなくなるといったことが生じます。
⑤感情表現の変化	その場の状況がうまく認識できなくなることで，周りの人が予測できないような，思いがけない感情を表すことがあります。

（出所）政府広報オンライン，2015 をもとに作成。

CHART 表 13.4　認知症の周辺症状の例

- 記憶力の低下に気づく　→　落ち込み，やる気をなくし，家にこもりがちに
- 料理ができなくなった　→　自信をなくし，生活リズムがくずれる
- しまった場所を忘れた　→　「嫁が財布をとった！」という妄想が生じる

認知症のケア

　認知症になった人に，どのようなケアができるのでしょうか。①認知症の薬物療法，②心理的な支援，③社会的な支援，④家族のケアなどが行われています。このうち，非薬物療法と社会的な支援，そして家族のケアが認知症のケアで中心となっています。

　心理的な支援では，クライエントを傷つけないように配慮して，よい関係を築くことがさまざまな心理的ケアの基本です。認知症のケアで行われている心理的支援には，回想法があります。回想法は，認知症の患者でも，感情を伴った昔の記憶は保たれやすいことを活用して，クライエントの人生で特に充実していた時期について聞きます。あるいは，リアリティ・オリエンテーションも用いられます。生活環境を整えて（カレンダーや時計を置くなど），今自分がどこ

CHART 図13.2 簡易な認知機能検査の例
（改訂長谷川式簡易知能評価スケール：HDS-R）

（検査日： 年 月 日）　　　　　　　　　　　　（検査者： ）

氏名：　　　　　　　　生年月日： 年 月 日　　年齢： 歳

性別： 男／女　教育年数（年数で記入）： 年　検査場所

DIAG：　　　　　　（備考）

1	お歳はいくつですか？（2年までの誤差は正解）		0　1
2	今日は何年の何月何日ですか？　何曜日ですか？ （年月日，曜日が正解でそれぞれ1点ずつ）	年 月 日 曜日	0　1 0　1 0　1 0　1
3	私たちがいまいるところはどこですか？（自発的にでれば2点，5秒おいて家ですか？　病院ですか？　施設ですか？のなかから正しい選択をすれば1点）		0　1　2
4	これから言う3つの言葉を言ってみてください。あとでまた聞きますのでよく覚えておいてください。 （以下の系列のいずれか1つで，採用した系列に○印をつけておく） 1：a）桜　b）猫　c）電車　　2：a）梅　b）犬　c）自動車		0　1 0　1 0　1
5	100から7を順番に引いてください。（100－7は？，それからまた7を引くと？　と質問する。最初の答が不正解の場合，打ち切る）	(93) (86)	0　1 0　1
6	私がこれから言う数字を逆から言ってください。（6-8-2，3-5-2-9を逆に言ってもらう，3桁逆唱に失敗したら打ち切る）	2-8-6 9-2-5-3	0　1 0　1
7	先ほど覚えてもらった言葉をもう一度言ってみてください。 （自発的に回答があれば各2点，もし回答がない場合以下のヒントを与え正解であれば1点） a）植物　b）動物　c）乗り物		a：0　1　2 b：0　1　2 c：0　1　2
8	これから5つの品物を見せます。それを隠しますのでなにがあったか言ってください。 （時計，鍵，タバコ，ペン，硬貨など必ず相互に無関係なもの）		0　1　2 3　4　5
9	知っている野菜の名前をできるだけ多く言ってください。 （答えた野菜の名前を右欄に記入する。途中で詰まり，約10秒間待っても答えない場合にはそこで打ち切る）0～5＝0点，6＝1点，7＝2点，8＝3点，9＝4点，10＝5点		0　1　2 3　4　5

合計得点：

（出所）　加藤ほか，1991。

にいて，今何時なのかなどを認識しやすくすることで，低下した見当識を補い，穏やかに過ごせるように支援します。

高齢者を対象にした予防的援助

さて，認知症について述べましたが，第9章で説明した「予防」の考え方について覚えているでしょうか。認知症についても，予防の考え方は用いられています。

第一次予防としては，認知症の発症のリスクを高める要因を取りのぞくことや減らすことが挙げられます。認知症の原因疾患のなかで最も多いアルツハイマー病は，糖尿病，高血圧，心臓病，喫煙習慣のうち3つ以上当てはまると発症リスクが高くなります。生活習慣を改善することで，これらの要因を減らすことができます。また，生き生きとした生活を送ることは，認知症だけでなくさまざまな精神的な疾患の予防に役立ちます。例えば「笑い」を取り入れた活動や，「おしゃれをすること」といった活動が，高齢者の健康を保つという研究が報告されています（大平ほか，2011；安永ほか，2011）。

第二次予防としては，早期発見と早期ケアがあります。認知症は，病院では「物忘れ外来」などの名称で，診察が行われています。本人，周りの家族が日頃から気をつけて，気になることがあれば，早めに相談することが大切です。

第三次予防としては，発症した後，徐々に低下する機能とうまく付き合いながら，社会生活を送るサポートをすることや，患者さんを支える家族などの介護者をサポートすることが挙げられます。

平均寿命が短い頃は，高齢期に病気になった後，回復してから亡くなるまでの期間は短いものでした。それが現在では，病気からの回復後に再び生活を送る，あるいは，慢性的な病気を抱えながら生活を送る期間が長くなっています。したがって，**生活の質**（QOL：Quality of Life）を意識した治療とケアが重要視されています。

CHECK

- □ 1 情報処理のスピードや記憶の容量などを特徴とする知能は（　　　）と呼ばれ，加齢によって低下しやすい。一方，経験や教育などによって蓄積された知識や問題解決能力を特徴とする知能は（　　　）と呼ばれ，加齢によっても低下しづらい。
- □ 2 高齢期に体験しやすいライフイベントは，病気，死別，引退などの（　　　）が多い。
- □ 3 （　　　）とは，高齢者が，それまでの活動を縮小した上で，活動を縮小せざるをえない自分や自分の衰えを受容することで幸福感を維持すると考える理論である。

さらに学びたい人のために　　Bookguide

佐藤眞一・髙山緑・増本康平『老いのこころ──加齢と成熟の発達心理学』有斐閣，2014年

佐藤眞一『ご老人は謎だらけ──老年行動学が解き明かす』光文社新書，2011年

CHAPTER

第14章

病気・死に向き合う心

緩和とリハビリテーションの医療心理学

INTRODUCTION

　がんを告知されたとき，患者は大きなショックを受け，混乱します。その後2週間程度，落ち込みが続いた後，徐々に自分を取り戻していくのが通常の心理的反応です。しかし，なかには，数カ月も落ち込みが続き，適応障害やうつ病になる患者もいます。身体疾患をもつことで，一般人口に比して，うつ病や抑うつ症状を併発する割合や自殺の割合が高いことが明らかになっています。

がん告知後の心の反応 （山脇, 1997を改変）

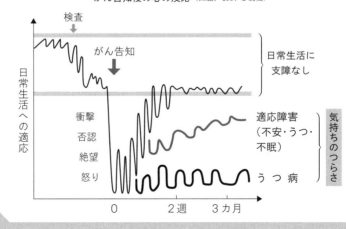

この章のねらい

① 病気や障害を抱えた患者の心理とその変化を知る
② 患者に対するコミュニケーションや心理的支援，チームアプローチを知る
③ 死別による心理的反応とそのケアについて知る

KEYWORDS

危機モデル　キューブラー-ロス　緩和ケア
全人的苦痛（トータルペイン）　トータルケア（全人的ケア）
チームアプローチ　インフォームド・コンセント　意思決定支援
支持的精神療法　心理教育的アプローチ　認知行動療法
コンサルテーション　バーンアウト　悲嘆反応　複雑性悲嘆
予期的悲嘆　遺族ケア

1 患者の心理

人は病気や死をどう理解するのか

> **QUESTION**
> 自分が病気になったとき，あるいは死に直面したとき，私たちは，病気や死をどう捉えるのでしょうか。

　病気の捉え方は，病気への向き合い方や治療への取り組みに影響します。
　そもそも，病気という概念はどのように形成されるのでしょうか。子どもが病気をどのように理解するかについて，**表14.1**のように段階的な発達過程を経ることが示されています。そのなかで，論理的な因果関係の理解が難しい幼児期の子どもは，病気の原因を「悪いことをしたことによる罰」であると推論することが指摘されていますが，この傾向は成人も潜在的に有しているともいわれています。成人はもちろん，子どもであっても，発達段階に応じてわかりやすい言葉で説明することで，不必要な不安を感じさせることなく，病気や治

CHART 表14.1 病気の概念理解の発達

	病気の理解
乳児期	理解不可能
幼児期	①現象的理解：病気という現象は理解している ②感染の理解：病気が近くの人からうつることを理解している ＊「病気＝悪いことをした罰」といった誤った因果関係の理解も見られる
学童期	③悪影響の理解：病気には原因があり，その影響で病気になることを理解している ④体内論的理解：外的な病気の原因によって，体内にさまざまな症状が生じることを理解している
思春期・青年期	⑤生理学的理解：抽象的な思考が可能となり，病気の原因となるものによって体内の構造や機能の変化が生じることを理解している ⑥心理生理学的理解：病気を整理的なプロセスとして説明できるだけでなく，心理面との関連も理解している

(出所) 尾形, 2015。

CHART 図14.1 死の概念の発達

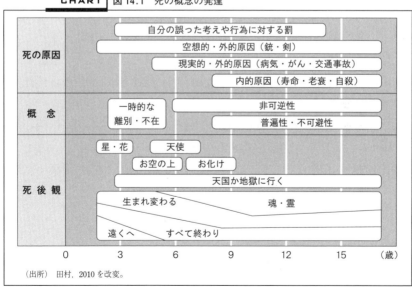

(出所) 田村, 2010 を改変。

療の必要性についての理解を促し，治療への協力を得ることが大切です。また，死の概念の発達については，**図14.1**のようにまとめることができます。10歳くらいまでには，子どもは成人と同様に，多様な死の原因を理解し，死は不可

逆的なものであり，誰にも避けられないものであることを理解するようになります。死後どのようになるのかは，子どもでも成人でも多様な考え方が存在するようです。

病気や障害を抱えたときの心の変化

病気をどのように受容するかについては，さまざまな理論が提唱されています。病気や障害の受容の過程を段階的に説明したものにフィンクとコーンの理論があります。フィンク（Fink, S. L.）は，外傷性脊髄損傷によって機能障害を抱えた患者の事例から**危機モデル**を提唱しました（Fink, 1967）。フィンクは，「危機」を，ある出来事に対して自分がもっている通常の対処能力では，その状況を処理できない混乱した状態と定義し，危機から適応への過程を4段階で説明しています。第1段階は衝撃の段階で，心理的に強い衝撃を受け，自分には手に負えない状況に強い不安や混乱を呈します。第2段階は防衛的退行の段階で，現実を否認したり，逃避したりすることで自分を守り，情緒的エネルギーをためます。第3段階は承認の段階であり，危機的な現実に直面し，以前の健康な自己イメージを喪失したことによる悲しみや怒りが強まります。心理的な混乱が生じますが，徐々に現実を認め，捉え方を再構築していきます。第4段階は適応の段階です。現在の状況を前向きに受けとめ，新たな自己イメージや価値観を築いていきます。

また，コーン（Cohn, N.）は障害受容の過程を，①ショック（障害受傷の直後で治療を集中的に受けている），②回復への期待（障害が元どおり回復すると信じている），③悲哀（回復しない現実に絶望する），④防衛（障害に対して工夫をして適応しようと努力する），⑤適用（障害に対して現実的に対処し，新たな自分の価値や人生を創造する）の5段階で説明しました。

死に対する受容過程で代表的なものは，キューブラー－ロス（Kübler-Ross, E.）の段階理論です。彼女は死にゆく患者の心理的過程を①否認，②怒り，③取引，④抑うつ，⑤受容の5段階に分けて説明しました。まず，死という予期しない衝撃的なニュースに対して，これは何かの間違いに違いない，自分に起こったことではないと現実を否認します。しかしながら，次第に，否認し続けることが難しくなり，自分の余命が短いことに直面せざるをえなくなります。そうな

ると，第2段階として，なぜ自分がこのような目にあうのかといった怒りが生じます。怒りの後には，この避けられない現実を先延ばしにできないか，神と取引するという第3段階が生じます。人に役立つことをすることで死を避けたい，正しい行いをするから助けてほしいと考えるのです。そして，神との取引が無駄であることに気づいたとき，自分はもう死ぬしかないと考え，抑うつの状態に陥ります。これらの段階を経て，自分の死を受容できる段階がきます。このときには，穏やかな気持ちで死に向かい合うことができるとされています。

以上のように，病気や障害，死の受容の過程は，多くの場合，混乱から回復，受容までの段階的な過程として説明されます。ただし，実際の患者の心理状態は，各段階を行きつ戻りつすることや，ある段階で停滞してしまったり，ある段階を飛ばして進むこともあります。また各段階も理論にあるように明確に分かれているものでもありません。そのため，これらの理論に患者を当てはめてわかったつもりになるのではなく，これらの理論を知っておくことで，目の前の患者1人ひとりの心理的苦痛について理解をより深めていくことが大切です。

緩和ケアと全人的苦痛

WHO（世界保健機関）は2002年に，**緩和ケア**の定義を，「生命を脅かす疾患による問題に直面している患者とその家族に対して，痛みやその他の身体的問題，心理社会的問題，スピリチュアルな問題を早期に発見し，的確なアセスメントと対処（治療・処置）を行うことによって，苦しみを予防し，和らげることで，クオリティー・オブ・ライフ（QOL：生活の質）を改善するアプローチ」としました。

緩和ケアにおいて患者とその家族が経験する苦痛には，身体的苦痛，精神心理的苦痛，社会的苦痛，スピリチュアルな苦痛があり，これらは相互に影響し合っており，全体として患者や家族の苦痛である**全人的苦痛**（トータルペイン）を形成しています（図14.2）。スピリチュアルな苦痛は，身体的苦痛や精神心理的苦痛，社会的苦痛のいずれにも共通する根源的な苦しみと捉えることもできます。患者の苦痛を緩和するためには，トータルペインを理解し，病気のみに焦点を当てるのではなく，病気を抱えたひとりの人として患者を捉えることが大切です。そして，身体的問題のみならず，日常生活や心理面，社会面など

CHART 図 14.2　全人的苦痛（トータルペイン）

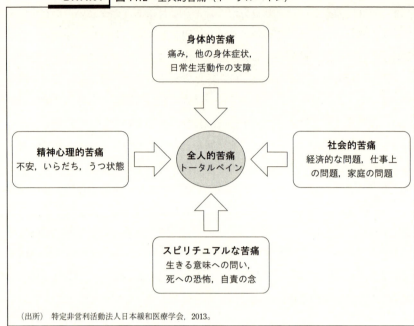

（出所）特定非営利活動法人日本緩和医療学会, 2013。

包括的にケアをしていく**トータルケア（全人的ケア）**が求められます。また，1人の医療者だけで，患者のトータルペインを緩和することは難しく，多職種による**チームアプローチ**が必要です。

CASE ⑩

がんの治療を始めたばかりのAさんは，眠れない日々が続いていました。主治医の先生は，睡眠導入剤の検討やAさんの不安の緩和のために，緩和ケアチームにも支援してもらおうと考えましたが，Aさんは，自分はまだがんの治療を始めたばかりであり，がんは初期段階で治る確率も高いことから，終末期をイメージする緩和ケアには大きな抵抗感をもちました。

このように，緩和ケアは，完治が見込めない，積極的治療をやめた後に患者に提供される終末期の医療というイメージをもたれていることが多いようです。しかし，現在，緩和ケアは，がんの治療と並行して行われるべきだと考えられており，診断時といった早期から行われることで，患者のQOLが向上することが認められています。身体的，心理的苦痛を和らげ，自分らしい生活を送るために，病気の進行度にかかわらず，緩和ケアを始めることが大切です。

患者を支援するために

医療現場におけるコミュニケーション

　第 1 節で述べたように，患者は病気や障害によってさまざまな苦痛を抱えます。患者の苦痛や医療に対する満足感には，医療者のコミュニケーション技術が関連することが知られています。よりよい医療を提供するためには，医療者−患者間のコミュニケーションによる信頼関係の構築が重要な基盤となるのです。

　医療者−患者間の重要なコミュニケーションの 1 つに，**インフォームド・コンセント**があります。インフォームド・コンセントとは，患者が，医療者から十分に説明を受け，納得，理解した上で，同意し，自分の治療法を選択することです。患者からインフォームド・コンセントを得るために，医療者は判断に必要な情報を提供する必要があります。特に，がん告知などの「悪い知らせ」を伝えるときは，より患者の心情に配慮しながら情報提供する必要があります。しかし，これは，医療者にとっても負担が大きいことです。病気を告知する場面やインフォームド・コンセントの場面での医療者のコミュニケーションスタイルは，患者のその後の不安に影響するとされています。そのため，医療者には有効なコミュニケーション技術を習得することが求められます（**Column ❽**参照）。

　また，患者は治療の過程で数多くの選択を迫られ，意思決定を重ねていくことになり，医療者は患者の**意思決定支援**を行う必要があります。意思決定支援には，患者と医療者が，現在の病状と今後の見通しについて共通の理解をもち，患者の心配なこと，価値観や大切にしたいこと，治療やケアに関する希望を共有することが必要です。医療者−患者間での相互のコミュニケーションを密にし，そのなかで安心できる信頼関係と協力体制を築いていくことが求められます。

Column ⑧ 悪い知らせの伝え方──SHARE

　悪い知らせとは，患者の将来への見通しを根底から否定的に変えてしまう知らせを指し，例えば，がんの診断や再発，抗がん剤治療の中止が挙げられます。わが国の患者の意向調査をもとに，悪い知らせを伝える際に，患者の精神的ショックを緩和するために必要な医療者の態度や行動を，SHARE と名付け，提案されています（内富・藤森，2007）。

〈**Supportive environment**：支持的な環境〉
　・十分な時間を設定する
　・プライバシーが保たれた，落ち着いた環境を設定する
　・面談が中断しないように配慮する
　・家族の同席を勧める

〈**How to deliver the bad news**：悪い知らせの伝え方〉
　・正直に，わかりやすく，丁寧に伝える
　・患者の納得が得られるよう説明をする
　・はっきりと伝えるが，「がん」という言葉は繰り返し用いない
　・言葉は注意深く選択し，適切に婉曲的な表現を用いる
　・質問を促し，その質問に答える

〈**Additional information**：付加的な情報〉
　・今後の治療方針を話し合う
　・患者個人の日常生活への病気の影響について話し合う
　・患者が相談や気がかりを話すように促す
　・患者の希望があれば，代替療法やセカンドオピニオン，余命等の話題を取り上げる

〈**Reassurance and emotional support**：安心感と情緒的サポート〉
　・優しさと思いやりを示す
　・患者に感情表出を促し，患者が感情を表出したら受けとめる
　・家族に対しても患者同様，配慮する
　・患者の希望を維持する
　・「一緒に取り組みましょうね」と言葉をかける

患者や家族に対する心理的支援の方法

病気や障害を抱えることは患者とその家族にとって，大きな心理的負担が生じます。患者・家族に対して，どのような心理的支援が必要になるでしょうか。

最も基本的な心理的支援技法として，**支持的精神療法**があります。これは，受容，共感，傾聴などを中心とした方法であり，医療者との温かいサポーティブな関係やコミュニケーションを通して，病気によって生じた問題や喪失感，不安や抑うつといった精神的苦痛の緩和をめざします。医療者が，丁寧なコミュニケーションを行い，患者がもつ苦痛を理解し，継続的にケアし，支えていくことを伝えることで，患者は安心して病気や治療と向き合えるのです。

また，患者に正しい医学的な知識を提供し，無知なために生じる不安を軽減する方法に**心理教育的アプローチ**があります。患者が十分に自分の病気を理解していないために，無用な不安や誤解を抱くことがあります。病気がどのようなものか，有効な治療法にどのようなものがあるのか，どのような生活をするとよいのか，不安になったときにはどのように対処するとよいか，などを知っていることで，患者は見通しをもって前向きに治療に参加することができます。

病気によって生じる抑うつや不安の緩和，自分の病状や体調を整えるためのセルフケア行動の形成の維持，さらにはリハビリテーションの促進や社会復帰支援において有効なアプローチに**認知行動療法**があります。認知行動療法では，患者の生活面での行動や考え方（認知），気分に焦点を当てます。認知行動療法にはさまざまな技法がありますが，予期的嘔吐や不安，緊張の問題には全身的筋弛緩法といったリラクセーション技法が効果的です。また，慢性疾患の患者に対しては，服薬をはじめとしたセルフケア行動の形成や生活面における行動変容（第 **3** 章参照）をめざして，行動計画の立案やその実行といった行動的支援がなされます。抑うつや不安といった問題には，認知行動療法のなかでも問題解決療法といった自分で問題を解決するスキルを高める技法の有用性が明らかとなっています。

チームアプローチの形

患者のトータルペインをケアするためには，上に述べてきた医療者−患者間

CHART 図14.3 多職種によるチームアプローチ

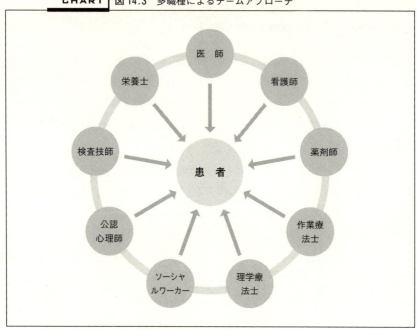

のコミュニケーションや支持的精神療法をはじめとした心理的支援に加えて，チームアプローチが必須といえます。チームには多くの専門性を有した医療者が参加します（図14.3）。

　英国の「緩和ケアを実践するためのガイドライン」では，医療者の心理状態のアセスメントと支援の役割について表14.2のようにまとめられています（ステップド・ケア）。チームアプローチにおける心理的支援は，まず全医療者が提供者となり（第1段階），患者に対して多層的に提供される必要があります。また，身体科の医師や看護師が自分の担当している患者の心理面精神面の問題の対応に困った際に，その専門家である精神科医師に助言を得ることを**コンサルテーション**といいます（第4段階）。コンサルテーションでは，特定の専門的知識を有した専門職をコンサルタントといい，助言の受け手をコンサルティといいます。医療者が患者の苦痛を緩和する際に，すべての問題に精通していることはなく，他領域からの専門的な助言を必要とする場面は多くあるでしょう。そのため，専門知識を有した職種から有効な助言を受けて，患者のケアに活かすことも重要な業務といえます。チームアプローチは，患者に対して各職種の

CHART 表 14.2　がん患者の心理状態のアセスメントと支援の 4 段階

	医療提供者	評　価	支援方法
第1段階	すべての医療者	心理的ニードの認識	適切な情報提供，共感的なコミュニケーション，基本的な心理的サポート，支持的な関係
第2段階	心理的知識を有する医療者（緩和ケアチーム，がん専門看護師，ソーシャルワーカー）	心理的苦痛のスクリーニング（がんの診断時，再発時，抗がん治療中止時など高いストレス場面）	問題解決技法のような心理学的技法
第3段階	訓練と認定を受けた専門家（心理士）	心理的苦痛の評価と精神疾患の診断（重症度を識別し，重症の場合は精神科医に紹介）	カウンセリングと心理療法（不安マネジメント，解決志向的アプローチ）
第4段階	精神保健専門家（精神科医，心理師）	精神疾患の診断（重度の気分障害，人格障害，薬物乱用，精神病性障害を含む複雑な精神的問題）	専門家による精神医学的治療（薬物療法）と心理療法（認知行動療法）

（出所）National Institute for Clinical Excellence, 2004 をもとに作成。

専門性を活かしたケアや，多様で多層的な支援が行えるだけでなく，コンサルテーションなど医療者相互の支援でもあります。これは，医療者のバーンアウトの予防にもつながります。対人援助という仕事を行う医療者は，仕事に疲れきり，意欲を失ってしまい，燃えつきた状態になることがあり，これをバーンアウトといいます。バーンアウトの症状には，①心身ともに疲れ果て，何もしたくなくなり仕事を辞めたいと感じる「情緒的消耗感」，②患者と話したり見たりすることも嫌になり，患者を 1 人の人として尊重できず，思いやりを欠いてしまう「脱人格化」，③仕事に対する喜びや楽しさが感じられなくなり達成感や意欲が低下する「個人的達成感の低下」があります。バーンアウトには仕事の量的負担だけでなく，職場の対人関係も影響します。バーンアウトを予防するためには，個人が自分の心身の状態を認識することに加えて，チームで共通した使命感をもち，支え合うことも大切なのです。

3 遺族の心理

悲嘆反応

　大切な人との死別によって，私たちには，悲しみや怒り，身体的不調などさまざまな反応が生じます。このような反応を**悲嘆反応**といいます。

　正常な悲嘆反応について，リンデマン（Lindemann, E.）は①悲しみや消耗感，身体的苦痛，②故人への思慕，③罪悪感，④怒りや敵意，⑤落ち着きがなく，集中できない，いつものような行動ができないといった日常的な行動上の問題があるとしています。また，遺族の悲嘆反応も，患者の悲嘆反応と同様に時間の経過によって変化し，キューブラー－ロスの段階的理論（第1節第2項参照）をはじめとした研究で検討されています。これらの研究では共通して，遺族が①ショックの段階（情動や現実感の麻痺，集中困難），②怒りの段階（怒り，悲しみ，罪責感，故人へのとらわれ，亡くなった人への探索行動），③抑うつの段階（絶望感，無関心，抑うつ，周囲への関心低下，人との関わりの低下），④立ち直りの段階（生きるためのエネルギーが出る，故人の死を認め，新しいライフスタイルへ適応）といった経過をたどるとされています（医療研修推進財団，2009）。

　しかし，人によっては悲嘆反応が長期にわたり持続，増悪したり，複雑な症状を呈したり，新しい生活に目が向かず，生活に支障が生じることがあります。そのような悲嘆反応は，**複雑性悲嘆**といわれています。複雑性悲嘆は，それ自体非常に苦痛が大きいだけでなく，うつ病や心的外傷後ストレス障害（PTSD），アルコール摂取量の増加や心臓疾患などの身体疾患，さらには，自殺につながることが報告されています。

　また，患者やその家族が死を予期したときに生じる悲嘆反応を**予期的悲嘆**といいます。予期的悲嘆では，抑うつ，死にゆく人に対する極度の心配，死に対する準備，その死がもたらす変化への適応といった心理的反応が生じます。予期的悲嘆によって死別後の悲嘆反応が軽減することはありませんが，家族は時間をかけて大切な人を失うという現実に慣れていくことができ，患者や家族が

お別れの言葉を伝えるなど，やり残していたことを行うことも可能になります。

遺族のケア

遺族ケアでは，まず，大切な人との死別によって遺族に生じる心理面や身体面の変化を伝え，それが誰にでも起こりうる自然な反応であり，不安や悲しみの気持ちを無理に抑えなくてよいということを伝えることが大切です。また，その悲しみの気持ちや故人について話がしたくなったときに，話ができる機会や場所があると，気持ちを整理しやすくなるといえます。その1つとして，遺族が集まるセルフヘルプ・グループやピアサポート・グループの活動があります。これらは，同じような体験をした者同士で，情報交換や気持ちの共有を行うことで，お互いを支え合うことを目的としています。また，医療機関や医療者が行う遺族ケアとしては，死別直後のケア（エンジェルケア）を遺族の希望に沿って，遺族とともに行うことや，遺族への手紙やカードの送付，病院内での遺族会の開催があります。遺族に複雑性悲嘆が見られる場合には，専門家による治療が受けられるよう情報提供や専門機関への紹介をすることが必要です。

CHECK

□ 1 病気や障害の受容過程について，フィンクは4段階による危機から適応までの過程を示した（　　　）モデルを提唱しました。

□ 2 緩和ケアにおける患者家族の全人的苦痛には，（　　　）的苦痛，（　　　）的苦痛，（　　　）的苦痛，（　　　）な苦痛があります。

□ 3 大切な人との死別によって生じる，悲しみや怒り，身体的不調などさまざまな反応を（　　　）といいます。

さらに学びたい人のために　　　　　　　　　　　　　　　　　　Bookguide

木澤義之・森田達也・新城拓也・梅田恵・久原幸編『3ステップ実践緩和ケア』青海社，2013年

キューブラー-ロス，E.／鈴木晶訳『死ぬ瞬間――死とその過程について』中公文庫，2001年

鈴木伸一編著『からだの病気のこころのケア――チーム医療に活かす心理職の専門性』北大路書房，2016年

CHAPTER

第 15 章

援助する心
対人援助職の資質と心構え

INTRODUCTION

〈ある学生と心理学教員の講義後の会話〉
学生：先生，私，将来カウンセラーになりたいと思っているんです。
教員：なるほど。それは素晴らしい仕事だね。ところで，なんでそのような仕事に興味をもったのですか？
学生：実は，私，中学校のときにクラスメイトにいじめられていた時期があったんです。最初は友人とのちょっとしたトラブルだったんですけど，それが知らない間にクラスの大半の女子から無視されるようになってしまって，机に落書きされたり，物がなくなったり，本当にいたたまれな

い状態でした。担任の先生に相談したんですけど，あまり真剣に取り合ってくれず，結局，数カ月間も学校に行けなくなってしまったんです。そんなとき，スクールカウンセラーの先生にいろいろ励ましてもらって，なんとか高校受験もクリアすることができたので，恩返しというか，いじめで悩んでいる子たちの力になってあげたいなと思うようになったんです。経験者の私なら，きっとその子たちの悩みを誰よりもわかってあげられると思うんです。

教員：そんなことがあったんですね。大変な時期をよく頑張って乗り越えてきましたね。でも，冷たいようだけど，今のままでは，よいカウンセラーにはなれないかもしれないですね。

学生：えー，なんでですか？　自分で言うのも変ですが，他の誰よりも，いじめで悩んでいる子たちのことを大切にできると思いますし，努力も惜しみません。

教員：それでは，あなたがカウンセラーになるために，何が必要かについて，一緒に考えていきましょう。

この章のねらい

① 対人援助職に必要な知識やスキルを学ぶ
② 普段の生活で意識するべき心構えや態度を知る

KEYWORDS

資質　　コア・コンピテンス　　自己研鑽

1　特定の対象者への強い思い入れは「諸刃の剣」

QUESTION

INTRODUCTION のエピソードの学生は，なぜ，よいカウンセラーになれないと言われてしまったのでしょうか。カウンセラーに限らず，保育士や看護師，教師や介護士など，あらゆる対人援助職にとって，「こころのケア」に携わるときに必要なこととはどんなことでしょうか。

対人援助職を志望する人のなかには，「家族の闘病生活を身近で見ていて看護師を目指した」「祖母を介護する母の姿を見ていて高齢者福祉が重要だと思った」「身近な友人がうつ病でつらい思いをしていたので精神保健福祉士に興味をもった」など，これまでの生活のなかでの印象的な出来事が，志望のきっかけとなっている人もいるでしょう。このような経験をきっかけとして明確な目標をもったことは，とてもよいことだと思います。また，「○○のような人たちの役に立ちたい」という強い思いは，学業や実習に前向きに取り組むための動機づけとなることでしょう。しかし，その思いが強すぎることは，かえって，対人援助職として必要とされる冷静さや客観性，あるいは視野の広さやバランス感覚などをゆがめてしまい，独りよがりな援助につながってしまうことがあることに注意しなければなりません。

　例を挙げて考えてみましょう。例えば本章冒頭INTRODUCTIONの学生さんのエピソードについて考えてみましょう。「いじめの経験」への思い入れが強すぎるスクールカウンセラーが，いじめに悩む子どものカウンセリングを担当したとします。聞けば聞くほど，かわいそうな状況が伝わってきて，深く共感し，自分の経験がオーバーラップするほど，その子の「つらい気持ち」が手に取るように理解できるかもしれません。そのカウンセラーは，なんとかその子の役に立ちたいと，自分が乗り越えてきた経験を思い出し，その子に役に立つと思われるアドバイスを一生懸命するでしょう。

　しかし，このカウンセラーは「手に取るように理解した」つもりでも，本当に，この子のつらい気持ちを理解したといえるでしょうか。カウンセラー自身のつらかった気持ちを思い出しているだけなのかもしれません。また，自分の経験を活かしたアドバイスが，本当にこの子の役に立つでしょうか。カウンセラーが経験した「いじめ」と，時代も，状況も，クラスメイトも，教師も，家庭環境も違うのに，なぜ「役に立つ」と断言できるのでしょうか。これでは危ういカウンセリングになってしまいます。

　対人援助とは，援助者の自己満足や自己実現のために行うものではありません。また，優しさや愛情の押しつけでは役に立つことはできません。患者やクライエント，利用者や子どもたちなど，さまざまな場面で援助を求める人たちの状態像やニーズを冷静に客観的に把握し，それに見合う適切な支援を根拠

(臨床研究や症例報告，あるいは治療ガイドラインや理論的枠組み）に基づいて実施する専門的なサービスが対人援助の本質であることを忘れてはいけません。強い志（こころざし）や熱意，対象者への優しさや愛情がなければよい援助はできませんが，それだけでできる仕事ではないのです。個人的な経験が対人援助職を志望するきっかけであったとしても，個人的な感情を整理し，それにとらわれず，どのような対象者のどのような悩み（問題）にも，同じように平常心で向き合える専門家になれるよう自己研鑽を重ねる必要があります。

「こころのケア」に携わる者に必要なコンピテンス

　それでは，対人援助（特にメンタルケアに携わる人）に必要とされる専門技能とはどのようなものでしょうか。メンタルケアの社会制度や専門家の養成において，先進的な取り組みを行っている英国では，メンタルケア（主に臨床心理学を専門とする）に携わる人に必要とされる主要な**資質**や能力（コア・コンピテンス）として，9つのスキルが挙げられています（The British Psychological Society 2006 Core Competences- Clinical Psychology- A Guide および，The British Psychological Society 2014 Standards for Doctoral Program in Clinical Psychology）。各スキルの概略は以下のようにまとめることができます。

(1) **基本スキル**
　心理学等の学問に精通し，エビデンス（科学的根拠）に基づいて意思決定を行い，周囲との良好なコミュニケーションを行い，プロジェクトや組織のマネジメントを適切に行うことができる。

(2) **心理アセスメント・検査スキル**
　心理アセスメントに関する幅広い知識を有し，対象者の状態に応じて適切な心理検査を選択し，妥当な方法によって実施し，その結果について関連する諸所見と照らし合わせながら総合的な解釈を行うことができる。

(3) **ケースフォーミュレーション（ケースの概念化）スキル**
　複合的な視野から対象者の状態像を把握し，理論的枠組みをふまえ，問題の形成と維持についての仮説を構築することができる。また，ケースフォーミュ

レーションの構築，修正，治療的展開は，対象者との情報共有に基づく協働によって行うことができる。

(4) 心理介入スキル

ケースフォーミュレーションに基づく適切な援助を個人，集団や家族（夫婦を含む），チームや組織に対して提供することができる。また，不安やうつ，ライフイベントや社会適応上の問題，薬物やアルコールなどの行動上の問題，発達やパーソナリティー，認知機能障害等の幅広い問題に精通し，適切な支援を関連する専門家と連携しながら実施することができる。

(5) 評価スキル

治療や心理的介入の効果を評価するための適切な方法を選択し，実施することができる。具体的には，症状を評価する尺度等を用いて，介入前後の症状の変化を客観的な方法で確認していく。また，その結果を臨床研究のエビデンスと対比させながら，自分の介入の妥当性を吟味し，臨床介入の質の向上につなげていく。

(6) 研究スキル

臨床研究に基づくエビデンスを理解し，活用することができる。また，臨床経験を背景とした独自の問題意識に基づいて研究計画を立案し，倫理的配慮をふまえた適切な方法論に基づき，研究を実施し，その結果を公表することができる。

(7) 臨床専門職としてのスキルと価値観

職業倫理を尊重し，インフォームドコンセントを重視し，専門職間の連携や対象者との関係性にも配慮した，豊かなバランス感覚と誠実な価値観をもっていること。また，自分の能力のレベルと限界を知り，それを高めるための日々の研鑽に努めること。周囲の専門職への尊敬の念をもち，機能的な連携と協働ができること。

(8) コミュニケーションと教育のスキル

さまざまな対象者にメンタルヘルスに関する教育活動を行うことができる。また，どのような対象者へも，多彩なコミュニケーションスキルを発揮し，良好な関係を築くことができる（第8章参照）。さらに，スーパービジョンのプロセスを理解し，活用することができる（スーパービジョンとは，ケースの経過をま

とめ，熟達者の指導を受けながら今後の介入戦略を検討することである）。

(9) 組織や制度への影響性とリーダーシップ

　組織特性を理解し，その組織のねらいや役割に見合う支援を展開することができる。また，リーダーシップの理論を理解し，多職種の連携を効果的に行うことにより，サービスの向上に努め，組織の改善や発展に寄与することができる。

　これら9つのスキルは，日々の業務に直結した基本的な技能から，組織管理や教育研修といった指導的立場の人に必要な能力，さらには，臨床実践のみならず研究に必要な資質にまで網羅的に示されています。この本で書かれている心理学理論を学ぶことでも磨かれることでしょう。対人援助職として，そのスタートの段階からすべてのスキルを習得することは難しいかもしれませんが，これらのスキルをもちうる対人援助職者となるように日々**自己研鑽**していくことが重要といえるでしょう。

3　専門職である前に，大切にしたいこと

　本章の冒頭で述べたように，対人援助職は専門職であり，理論的枠組みや臨床研究等の科学的な根拠に裏づけられたサービスを提供することが重要です。しかし一方で，そのサービスを提供するのは誰かといえば，まぎれもなく「個性をもった人間」であり，人間性を無視したサービスはありえないし，人間味のない支援は対象者のこころには届かないでしょう。

　それでは，私たちは対人援助職である以前に，1人の人間としてどのような資質や心構えをもたなければならないのでしょうか。この章の最後として，このことについて考えていきたいと思います。

(1) 社会人としての「お作法」

　友人関係であろうが，対人援助であろうが，本質的にいえばその基本は「人と人とのお付き合い」です。したがって，対象者に信頼してもらうためには，「ごく当たり前のお作法」ができなければ，援助の基本となる関係性は成立しません。そのお作法とはどんなことでしょうか。それは，以下のようなことが

きちんとできる人になることです。
- 笑顔と挨拶
- 時間厳守
- 組織のルールや約束を守る
- 感謝の気持ちを忘れない

これを読んで,「そんな当たり前のこと」と思った人がたくさんいるとすれば安心です。しかし,対人援助職を志望する学生の実習指導を長年していて,実習先の責任者からお叱りの連絡をいただく内容のほとんどは,上記のことです。「遅刻してくる。しかも連絡がない」「挨拶ができない」「言われたことをすぐ忘れる」「指導しても,返事がない,うなずくだけ」などなど。実習生は悪気があってしているわけではないのでしょうし,彼らとしては「ちゃんとやってるつもり」なのかもしれません。しかし,現場の指導者から見れば「おそまつ」としかいいようのない態度ということになるのでしょう。

対人援助の「鉄則」は,援助者が「どういうつもりだったか」ではなく,「相手がどう受けとめたか」を考えて行動することです。その観点からいえば,「そんな当たり前のこと」と思わずに,基本的なお作法についてしっかり取り組むように,改めて心がけることが必要ですね。

(2) 健全であること

対人援助は,病気や悩み,障害などを抱えた人への支援,あるいは成長・発達途上にある子どもたちなどへの支援に携わる仕事です。それらの仕事にしっかりと取り組むために何よりも必要なことは,援助を行うみなさんの「こころ」や「からだ」が健全であることです。誤解のないように述べておきますが,健全というのは,「持病がない」ということではありません。自分の精神状態や体調について,普段から自己管理を行い,万全の状態で対象者に向き合うことができているかということです。医学的に見て「健康」であっても,心身の自己管理をおろそかにしたり,生活の不摂生などが理由で,万全な状態で仕事に取り組めない人がいるとしたら,それは「健全」とはいえません。一方,持病を抱えながらも,主治医の指導のもと自己管理を欠かさず,体調に気をつけながら自分にできる最高の支援を行えるように努力している人がいるとしたら,その人は,まことに「健全」といえるでしょう。「質の高い援助は,日々の生

活に宿る」という意識をもって，自己管理を心がけるようにしましょう。

(3) 自己を俯瞰(ふかん)する目

　冷静で客観的な意識をもちながら対人援助を行おうと心がけていても，やはり対人援助は「人と人とのお付き合い」ですので，時には，対象者の態度や言葉じりに「イライラ」してしまったり，逆に，知らず知らずのうちに，過剰な感情移入をしてしまうこともあるかもしれません。一時的にこのような感情になることはあるとしても，そのような感情のままに援助を継続することは，決してよい効果をもたらしません。このような個人的な感情を背景とした悪循環を予防したり，改善するために必要なことは，「俯瞰(ふかん)する目」をもつことです。

　具体的には，自分と対象者との関係性を，少し離れた位置から冷静に観察するような視点をもつということです。例えば，対象者の言動にイライラしていることに気づいたときは，「今の自分はクライエント（患者，利用者）さんが，なかなかこちらの提案を受け入れてくれないことにイライラしているんだな。そして，自分はその提案を無理強いしようとして強い口調になっているな。でもそのことで，クライエントさんはかえって警戒心をもってしまっているんだな」といったような洞察を行うことです。このような俯瞰する目をもつことで，自分が陥っている問題に気づくことができ，どのような修正を行えば対象者との関係性が改善され，援助がよい方向に向かうかが見えてくるでしょう。しかし，「俯瞰する目」を鍛えるには練習が必要ですので，普段から，自分自身の状態を離れた位置から冷静な視点で見る練習をするようにしましょう。

┃ま と め┃

　この章では，対人援助職を志すみなさんに必要な意識や心構え，専門職としてのコンピテンスなどについて解説してきました。これらが意図している理念は「人間性豊かな専門職」をめざしてほしいということです。繰り返していえば，優しさや愛情だけでは決して対象者のニーズにこたえることはできないし，冷静で客観的な専門技術だけで援助を継続することも不可能です。この両翼を常に意識しながら対象者の困り事や悩みに寄り添い，最高の支援ができるように情報収集と自己研鑽を行っていくことが重要でしょう。

引用・参考文献

相川充(1996)「社会的スキルという概念」相川充・津村俊充編『社会的スキルと対人関係——自己表現を援助する』誠信書房

赤井誠生(1999)「動機づけ」中島義明・安藤清志・子安増生・坂野雄二・繁桝算男・立花政夫・箱田裕司編『心理学辞典』有斐閣

American Psychiatric Association (2013) *Diagnostic and Statistical Manual of Mental Disorders. 5th Edition.* American Psychiatric Association Publishing.

American Psychiatric Association／日本精神神経学会日本語版用語監修(2014)『DSM-5 精神疾患の診断・統計マニュアル』医学書院

荒川歩・竹原卓真・鈴木直人(2006)「顔文字付きメールが受信者の感情緩和に及ぼす影響」『感情心理学研究』13(1), 22-29.

Arnold, M. B. & Gasson, J. A. (1954) Feelings and emotions as dynamic factors in personality integration. In M. B. Arnold & S. J. Gasson (Ed.), *The Human Person.* The Ronald Press Company.

Asch, S. E. (1956) Studies of independence and conformity: I. A minority of one against a unanimous majority. *Psychological Monographs: General and Applied*, 70(9), 1-70.

Cannon, W. (1927) The James-Lange theory of emotion: A critical examination and an alternative theory. *American Journal of Psychology*, 39, 106-124.

Deutsch, M. & Gerard, H. B. (1955) A study of normative and informational social influences upon individual judgment. *The Journal of Abnormal and Social Psychology*, 51(3), 629-636.

Domjan, M. (1993) *The Principles of Learning and Behavior.* (3rd ed.). Pacific Grove.

榎本博明(1997)『自己開示の心理学的研究』北大路書房

エリクソン,E. H.・エリクソン,J. M.／村瀬孝雄・近藤邦夫訳(2001)『ライフサイクル,その完結』(増補版),みすず書房

Fink, S.L. (1967) Crisis and motivation: A theoretical model. *Archives of Physical Medicine & Rehabilitation*, 48(11), 592-597.

Frith, U. (1989) *Autism: Explaining the enigma.* Basil Blackwell.

He, S., Cavanagh, P., & Intriligator, J. (1997). Attentional resolution. *Trends in Cognitive Sciences*, 1(3), 115-121.

Hitch, G. J. (2005) Working Memory. In N. Braisby & A. Gellatly (Eds.), *Cognitive Psychology.* Oxford University Press.

Holmes, T. H. & Rahe, R. H. (1967) The social readjustment rating scale. *Journal of Psychosomatic Research*, 11(2), 213-218.

池田謙一(1999)「コミュニケーション」中島義明・安藤清志・子安増生・坂野雄二・繁桝算男・立花政夫・箱田裕司編『心理学辞典』有斐閣

池田謙一(2000)『社会科学の理論とモデル5 コミュニケーション』東京大学出版会

今田寛(1996)『学習の心理学』培風館

医療研修推進財団監修／小川朝生・内富庸介編（2009）『精神腫瘍学クイックリファレンス』医療研修推進財団
アイエンガー, S.／櫻井祐子訳（2010）『選択の科学』文藝春秋
James, W.（1884）What is an emotion? *Mind*, 9（34）, 188-205.
実森正子・中島定彦（2000）『学習の心理——行動のメカニズムを探る』サイエンス社
加藤伸司・下垣光・小野寺敦志・植田宏樹・老川賢三・池田一彦・小坂敦二・今井幸充・長谷川和夫（1991）「改訂長谷川式簡易知能評価スケール（HDS-R）の作成」『老年精神医学雑誌』2（11）, 1339-1347.
川西千弘（2008）「被開示者の受容・拒絶が開示者に与える心理的影響——開示者・非開示者の親密性と開示者の自尊心を踏まえて」『社会心理学研究』23（3）, 221-232.
河内十郎（2013）「記憶の障害——憶えることと忘れることの神経心理学」『神経心理学——高次脳機能研究の現状と問題点』培風館
菊池章夫（1988）『思いやりを科学する——向社会的行動の心理とスキル』川島書店
熊野宏昭（2007）『ストレスに負けない生活——心・身体・脳のセルフケア』筑摩書房
久世淳子・奥村由美子（2008）「学生の認知症に関する知識」『日本福祉大学情報社会科学論集』11, 65-69.
Lazarus, R. S. & Folkman, S.（1984）*Stress, Appraisal, and Coping*. Springer.
LeDoux, J. E.（1996）*The Emotional Brain: The Mysterious Underpinnings of Emotional Life*. Simon & Schuster.
Lewin, K., Lippitt, R., & White, R. K.（1939）Patterns of aggressive behavior in experimentally created "social climates". *The Journal of Social Psychology,* 10（2）, 269-299.
三隅二不二・白樫三四郎（1963）「組織体におけるリーダーシップの構造——機能に関する実験的研究」『教育・社会心理学研究』4（2）, 115-127.
三浦正江・上里一郎（2006）「高齢者におけるソーシャルサポート授受と自尊感情，生活充実感の関連」『カウンセリング研究』39（1）, 40-48.
宮森孝史（2006）「記憶と高次脳機能の神経心理学」利島保編『脳神経心理学』朝倉書店
文部科学省「特別支援教育について（3）知的障害教育」http://www.mext.go.jp/a_menu/shotou/tokubetu/004/003.htm
内閣府（2013）『平成25年版高齢社会白書』
内閣府（2015）『平成27年版高齢社会白書』
中川威（2010）「高齢期における心理的適応に関する諸理論」『生老病死の行動科学』15, 31-39.
中村菜々子・上里一郎（2008）「中高年者の日常いらだち事と精神的健康との関係」『ストレス科学』23（3）, 226-245.
National Institute for Clinical Excellence（2004）*Guidance on Cancer Services : Improving supportive and palliative care for adults with cancer - the manual*. NICE.
尾形明子（2015）「子どもの身体疾患」石川信一・佐藤正二編著『臨床児童心理学』ミネルヴァ書房
小川妙子（2001）「看護学生の高齢者へのエイジズム——1年生と3年生のFAQの比較」『順

天堂医療短期大学紀要』12, 35-45.
岡野五郎・服部正明・河合美香（2012）「地域高齢者の暮らし向きと健康度の関係」『社会科学研究年報』43, 173-181.
大平哲也・広崎真弓・今野弘規・木山昌彦・北村明彦・磯博康（2011）「笑い・ユーモア療法による認知症の予防と改善」『老年精神医学雑誌』22(1), 32-38.
Ortony, A., Clore, G. L., & Collins, A. (1988) *The Cognitive Structure of Emotions*. Cambridge University Press.
尾崎紀夫（2005）「プライマリケア医と精神科医の連携」『第129回日本医学会シンポジウム「うつ病」記録集』61-65.
Papez, J. W. (1937) A proposed mechanism of emotion. *Archives of Neurology and Psychiatry,* 38 (4), 725-743.
Penfield, W. G. & Boldfrey, E. (1937) Somatic motor and sensory representation in the cerebral cortex of man as studied by electrical stimulation. *Brain*, 60(4), 389-443.
プリフィテラ，A.・サクロフスキー，D. H.・ワイス，L. G. 編／上野一彦監訳／上野一彦・バーンズ亀山静子訳（2012）『WISC-IVの臨床的利用と解釈』日本文化科学社
ラマチャンドラン，V. S.／山下篤子訳（2011）『脳のなかの幽霊，ふたたび』角川書店
Schaie, K. W. (1980) Intelligence and problem solving. In J. E. Birren & R. B. Sloane (Eds.), *Handbook of Mental Health and Aging*. Prentice-Hall.
Schaie, K. W. (1994) The course of adult intellectual development. *American Psychologist*, 49(4), 304-313.
政府広報オンライン（2015）「もし，家族や自分が認知症になったら知っておきたい認知症のキホン（平成27年2月23日更新版）」http://www.gov-online.go.jp/useful/article/201308/1.html（アクセス日 2017年1月15日）
嶋田洋徳・鈴木伸一／坂野雄二監修（2004）『学校，職場，地域におけるストレスマネジメント実践マニュアル』北大路書房
下仲順子（1995）「中高年期におけるライフイベントとその影響に関する心理学的研究」『老年社会科学』17, 40-56.
Simons, D. J. & Chabris, C. F. (1999) Gorillas in our midst: Sustained inattentional blindness for dynamic events. *Perception*, 28(9), 1059-1074.
Stevens, S. S. (1975) *Psychophysics: Introduction to Its Perceptual, Neural, and Social Prospects*. John Wiley & Sons.
鈴木伸一・神村栄一／坂野雄二 監修（2005）『実践家のための認知行動療法テクニックガイド――行動変容と認知変容のためのキーポイント』北大路書房
詫摩武俊・瀧本孝雄・鈴木乙史・松井豊（1990）『性格心理学への招待――自分を知り他者を理解するために』サイエンス社
田村恵美（2010）「ターミナルケアにおけるコミュニケーションスキル」『小児看護』33(13), 1799-1808.
辰野千寿・高野清純・加藤隆勝・福沢周亮編（1986）『多項目教育心理学辞典』教育出版
Thorndike, E. L. (1898) Animal intelligence: An experimental study of the associative processes

in animals. *Psychological Review*, 5(5), 551-553.

融道男・中根允文・小宮山実・岡崎祐士・大久保善朗監訳（2005）『ICD-10 精神および行動の障害――臨床記述と診断ガイドライン』（新訂版）医学書院

特定非営利活動法人日本緩和医療学会（2013）「Smart Brief 2013 がんと診断された時からの緩和ケア」http://www.kanwacare.net/formedical/materials/pdf/sb2013_pdf.pdf

Tomkins, S. S. (1962) *Affect, Imagery and Consciousness. Vol.1: The Positive Affects*. Spring-Verlag.

内富庸介・藤森麻衣子編（2007）『がん医療におけるコミュニケーション・スキル――悪い知らせをどう伝えるか』医学書院

Wallace, I. (1977) Self-control techniques of famous novelists. *Journal of Behavioral Analysis*, 10(3), 515-525.

Watson, J. B. & Rayner, R. (1920) Conditioned emotional reactions. *Journal of Experimental Psychology*, 3(1), 1-14.

山中康祐（1989）「ユングの類型論」本明寛編『性格心理学新講座1 性格の理論』金子書房

山脇成人監修／内富庸介編（1997）『サイコオンコロジー――がん医療における心の医学』診療新社

安永明智・谷口幸一・野口京子（2011）「高齢者における装いへの関心とQOLの関連」『文化女子大学紀要 人文・社会科学研究』19, 63-72.

楊薈聰・青木良三（2011）「経営戦略とリーダーシップスタイルとの関係」『流通科学大学論集 流通・経営編』24(1), 93-114.

事項索引

● アルファベット

AD/HD →注意欠如・多動症
APA（American Psychiatric Association：アメリカ精神医学会） 137
APA（American Psychological Association：アメリカ心理学会） 6
ASD →自閉スペクトラム症
DESC 法 96
DSM-5（精神疾患の診断・統計マニュアル 第5版） 74, 137
EAP（Employee Assistance Program） 126
ICD-10（疾患および関連保健問題の国際統計分類 第10版） 137
ID →知的障害
IQ（知能指数） 72
Kiss-18 92
PM 理論 108
QOL（生活の質） 168, 175
SCID（Structured Clinical Interview for DSM disorders） 132
SHARE 178
SLD →限局性学習症
WAIS 72
WHO（世界保健機関） 137, 175
WISC 72

● あ 行

愛着（アタッチメント） 67
アイデンティティ（自我同一性） 56, 123
アサーション 47, 95
アセスメント 131
アッシュの同調実験 101
安全基地 68

意思決定 44
遺族ケア 183
遺族の悲嘆反応 182
1歳6カ月児健康診査（1歳半健診） 65
遺伝的要因（遺伝的リスク） 54, 149
いとなみ 5
医療者
　——のコミュニケーション技術 177
　——のバーンアウト 181
陰性症状 140
インフォームド・コンセント 177
ウェクスラー式知能検査 72
うつ病 135, 138
鋭敏化 24
エビデンス 188
エンジェルケア 183
援助要請行動 97
オペラント条件づけ 29

● か 行

外向性 51, 52, 54
回想法 166
概 念 64
外発的動機づけ 79
開放性 54
カウンセラーの基本的な心構え 151
カウンセリング 3, 147, 149
学 習 23
学習理論 151
カクテルパーティ効果 18
確立操作（操作） 29, 30, 81, 137
過剰適応 58
課題分析 67
活動理論 164
が ん 58

197

――告知　171
感　覚　10, 63
感覚運動期　63
環境的要因　54
環境変化　66, 137
関係妄想　141
観察学習　33
観察法　132
患者の意思決定支援　177
感　情　37, 38, 148
　――浄化機能　94
　――制御　44, 47
　――制御方略　45
　――の機能　39
　――抑圧　59
　――抑制　45
　基本――　37
　ネガティブ――　45, 57, 58
　不快な――　148
感情有害説　39
感情有用説　39
緩和ケア　175
　――を実践するためのガイドライン　180
記　憶　14
　意味――　15
　エピソード――　15
　感覚――　14
　短期――　14
　長期――　15
　手続き――　15
　展望――　16
危機モデル　174
記号化　88
気　質　50
希死念慮　139
期待理論　82
喫　煙　110
機能分析　136

逆転移　99
逆行性健忘　16
ギャングエイジ　68
強　化　30
　正の――　30, 137
　負の――　30, 137
強化価　80
驚愕反射　24
強化子　30
強化スケジュール　80
協調性　54
強迫症（強迫性障害）　138, 141
恐怖条件づけ　27, 43
禁　煙　110
均衡化　63
具体性テスト　23
具体的操作期　64
クリューバー・ビューシー症候群　43
グループ・カウンセリング（グループ療法）　154
ケ　ア　3
経　験　23
形式的操作期　64
ケースフォーミュレーション（ケースの概念化）　132, 150, 188
結　果　30, 136
結晶性知能　160
幻　覚　141
限局性学習症（SLD）　74
健　康　111
　――予防　124
言語　→言葉
幻　肢　13
幻　聴　141
健忘症　16
コア・コンピテンス　188
語彙爆発　65
構造化面接　131
行　動　22, 133

——の維持　80, 82, 137
　　——の改善　31
　　——の発達　67
　　——変容　22, 179
　　　習得的——　23
　　　生得的——　23
　　　不適応的——　22
行動観察　134
行動記録のグラフ化　134
行動見本法　134
行動理論　151
行動論的アセスメント　133
幸福感　162
高齢化率　159
高齢者
　　後期——　160
　　前期——　160
心の不調　147
心の理論　61
個人カウンセリング　153
個人内要因　148
誇大妄想　141
古典的条件づけ　26
言葉（言語）　65, 66, 72, 160
　　——の遅れ　66
コミュニケーション　65, 88
　　アサーティブな——　96
　　医療者-患者間——　177
　　攻撃的（アグレッシブ）——　95
　　非主張的（ノンアサーティブ）——　95
コンサルテーション　180

● さ 行

錯視　11
サリーとアン課題　61, 74
3項随伴性　30, 136
死
　　——に対する受容過程　174
　　——の概念　173

シェマ（スキーマ）　63
視覚　14
視覚的選好　67
時間見本法　134
思考　63, 151
自己開示　94
自己効力感　84
自己実現　59
自己明確化機能　94
自殺　139
支持的精神療法　179
思春期　143
視床　42
視床下部　42
疾患および関連保健問題の国際統計分類　第10版　→ ICD-10
実験心理学　6
死人テスト　23
自閉スペクトラム症（ASD）　74
死別　182
社会的苦痛　175
社会的賞賛　80
社会的スキル　90
　　——・トレーニング　93
　　——の獲得　68
社会的スキルを測定する尺度　→ Kiss-18
弱化　30
集団（社会集団）　102
　　公的——　103
　　私的——　103
　　準拠——　104
馴化　24
順向性健忘　16
障害受容の過程　174
消去　28, 32
条件刺激　25
条件反応　26
症候論的分類　138
情緒的サポート　107

情報化　88
食行動の異常　143
初語　65
神経症傾向　54, 57
神経性大食症　143
神経性無食欲症　143
神経生理学的反応　38
新生児微笑　68
新生児模倣　68
心臓疾患　58
身体機能の低下　159
身体疾患　45
　——のリスクファクター　115
身体的苦痛　175
身体的ストレッサー　120
心理アセスメント（心理査定）　131
心理学　4
心理教育的アプローチ　179
心理検査法　131
心理査定　→心理アセスメント
心理社会的発達理論　56
心理的ストレスモデル　124, 117
心理的ストレッサー　120
心理的リアクタンス　81
推論のあやまり　→認知のゆがみ
スキンシップ　68
ステップド・ケア　180
ストレス　58, 113, 114
　——関連疾患　115
　——の個人差　119, 121
　——の耐性　148
　——反応　113, 114
　——マネジメント　118, 124, 126
ストレッサー　113, 114
　心理的——　120
スーパービジョン　189
スピリチュアルな苦痛　175
性格　50
生活習慣　124, 154, 168

生活習慣病　115, 154
生活の質　→QOL
誠実性　54
精神疾患　45, 137
精神疾患の診断・統計マニュアル　第5版
　　→DSM-5
精神心理的苦痛　175
精神性的発達論　55
生得的行動　23
生得的要因　149
青年期　123, 143
生物-心理-社会　6
世界保健機関　→WHO
摂食障害　143
セルフ・コントロール　82, 83
セルフ・フィードバック　82
セルフヘルプ・グループ（自助グループ，ピアサポート・グループ）　109, 183
セルフ・モニタリング（自己報告法）　82, 134
先行事象　136
全人的苦痛（トータルペイン）　175
前操作期　63
選択的注意検査　18
前頭眼窩野　44
前頭前野　44, 124
せん妄　142
早期ケア　168
早期発見　168
双曲性障害　139
　——Ⅰ型　140
　——Ⅱ型　140
操作　→確率操作
操作期　63
喪失体験　162
躁状態　140
ソーシャル・サポート　107, 148
　——の互恵性　107
　——の提供　107

200

──の負の効果　107

● た　行

大うつ病エピソード　139
大うつ病性障害　138
対処行動（コーピング）　117, 121, 125
対処能力　148
対人援助職　5, 187
対人援助の資質や能力　→コア・コンピテンス
対人反応　90
大脳皮質　41, 42, 120
大脳辺縁系　42, 43, 120
タイプA行動パターン　58, 59
タイプC行動パターン　59
タイプD行動パターン　58
唾液反射　25
段階的エクスポージャー　28
チェイニング　67
チェッカー・シャドー錯視　10
知覚　10
知的障害（ID）　69, 73
知能　72, 160
知能指数　→ IQ
チームアプローチ　176, 180
注意　17
　──の容量　19
　持続的──　17
　選択的──　17
　分割的──　17
注意欠如・多動症（AD/HD）　74
注意や意識の障害　142
抽象的思考　64
中枢起源説　42
聴覚　14
聴覚的選好　67
調節　63
聴力の低下　159
定位反射　25

定型発達　69
ディストラクション　46
転移　99
同化　63
動機づけ　79
道具的サポート　107
統合失調症　140
登校しぶり　132
同調　105
特性論　52
特別支援学級　70
トータルケア（全人的ケア）　176
友だち関係（仲間関係）　64, 70

● な　行

内向性　51, 52
内発的動機づけ　79
馴れ　24
喃語　65
人間関係　148
認知　14
　──的発達　63
認知機能検査　165
認知行動療法　179
認知行動理論　152
認知症　164, 165
　──の周辺症状　165
　──の中核症状　165
認知的再評価　46, 125
認知的評価　117, 119, 125
認知のゆがみ（推論のあやまり）　58, 152
認知理論　151
ネガティブ感情　45, 57, 58
ネガティブな考え方　58
脳　40
　──の機能異常　138
脳損傷　13

● は 行

暴露法（エクスポージャー）　28，46，
　　142
パーソナリティ　50
　　適応的な──　59
罰　30
発　語　66
発達障害　69
発達段階　63
パニック症（パニック障害）　138
パフォーマンス　126
場面見本法　134
ハーローのアカゲザルの実験　68
バーンアウト　181
般　化　27
反抗期
　　第一次──　63
　　第二次──　64
半構造化面接　132
半側空間無視　19
ピアサポート・グループ　183
被援助志向性　97
被害妄想　141
ピグマリオン効果　83
皮質下領域　42
悲嘆反応　182
ビッグ・ファイブ理論　53
非定型発達　69
ヒヤリ・ハット　19
病　気
　　──という概念　172
　　──の受容過程　174
　　──の認識能力　141
不　安　147，179
不安階層表　28
不安症（不安障害）　43，141
複雑性悲嘆　182
物理的環境要因　148

プリパレーション　71
プロンプト・フェイディング　67
分離不安　68
平均寿命　159
ベき法則　12
ヘルス・プロモーション　154
扁桃体　42，43，44，124
ペンフィールドのホムンクルス　12
弁別刺激　30，136
飽和化　80
保健指導　155
保護者　69
　　──の支援　73
母子分離　70
補償を伴う選択的最適化理論　164
ボディイメージ　143

● ま 行

マインドフルネス　46
末梢起源説　41
慢性疾患　179
慢性的なストレス体験　162
味覚嫌悪学習　28
無気力　133
無条件刺激　25
無条件反応（無条件反射）　24
メランコリー親和型性格　57
面接法　131
妄　想　141
目標設定　82
モチベーション　79
モデリング　33
問題解決療法　179

● や 行

ヤーキーズ・ドットソン逆Ｕ字仮説　116
役　割　103
役割間葛藤　103
やる気　78

──が高まる環境　81
　よい選択　106
　養育態度　55
　陽性症状　140
　予期的悲嘆　182
　抑うつ　58, 138
　抑うつスキーマ　58
　抑　制　45
　欲求階層説　77
　予　防　111, 123, 154, 168
　　　第一次──　111, 168
　　　第三次──　111
　　　第二次──　111, 168

●ら　行

　ライフイベント　116, 162

　ライフコース　161
　リアクタンス　106
　リアリティ・オリエンテーション　166
　リーダーシップ　108
　離脱理論　162
　流動性知能　160
　療　育　69
　リラクセーション　47, 122, 179
　類型論　52
　ルール　102
　老年的超越理論　163

●わ　行

　ワーキングメモリ　15
　笑　い　168
　悪い知らせの伝え方　178

人名索引

● あ 行

アイエンガー（Iyengar, S.） 106
アイゼンク（Eysenck, H. J.） 53, 151
アーノルド（Arnold, M. B.） 39
ヴント（Wundt, W. M.） 6
エリクソン（Erikson, E. H.） 56
オートニー（Ortony, A.） 38
オルポート（Allport, G. W.） 59

● か 行

キャッテル（Cattell, R.） 53
キャノン（Cannon, W. B.） 42
キューブラー－ロス（Kübler-Ross, E.） 174, 182
クレッチマー（Kretschmer, E.） 49, 51, 52
コスタ（Costa, P. T., Jr.） 53
コーン（Corn, N.） 174

● さ 行

ジェームズ（James, W.） 41
シモンズ（Simons, D. J.） 18
シュルツ（Schultz, D.） 59
スキナー（Skinner, B. F.） 29
スティーヴンス（Stevens, S. S.） 12
ソーンダイク（Thorndike, E. L.） 29

● た 行

ドイチュ（Deutsch, M.） 105
トムキンス（Tomkins, S. S.） 38, 39

● は 行

パヴロフ（Pavlov, I. P.） 25
パペッツ（Papez, J. W.） 42
ハーロー（Harlow, H. F.） 67
ピアジェ（Piajet, J.） 63
フィンク（Fink, S. L.） 174
フォルクマン（Folkman, S.） 117
フロイト（Freud, S.） 55
ベック（Beck, A. T.） 58, 151
ペンフィールド（Penfield, W. G.） 12
ボウルビィ（Bowlby, J.） 67
ホームズ（Holmes, T. H.） 115

● ま 行

マクレー（McCrae, R. R.） 53
マズロー（Maslow, A. H.） 59, 77
三隅二不二 108

● や 行

ユング（Jung, C. G.） 51, 52

● ら 行

ラザルス（Lazarus, R. S.） 117
リンデマン（Lindeman, E.） 182
レイ（Rahe, R. H.） 115
レイナー（Rayner, R.） 27
レヴィン（Lewin, K.） 108

● わ 行

ワトソン（Watson, J. B.） 26

対人援助と心のケアに活かす心理学
Essentials of Psychology for Human Care Services

2017 年 3 月 10 日　初版第 1 刷発行
2024 年 1 月 30 日　初版第 3 刷発行

| 編著者 | 鈴木 伸一　伊藤 大明　尾形 愛彦　小関 祐二　中村 俊子　松永 菜々　美希 |

※縦書き人名(ふりがな付き):
鈴木　伸一（すずき しんいち）
伊藤　大輔（いとう だいすけ）
尾形　明子（おがた あきこ）
国里　愛彦（くにさと よしひこ）
小関 俊祐（こせき しゅんすけ）
中村 菜々子（なかむら ななこ）
松永 美希（まつなが みき）

発 行 者　江草　貞治
発 行 所　株式会社　有斐閣
　　　　　郵便番号　101-0051
　　　　　東京都千代田区神田神保町 2-17
　　　　　https://www.yuhikaku.co.jp/

印刷・萩原印刷株式会社／製本・牧製本印刷株式会社
©2017, Shinichi Suzuki, Daisuke Ito, Akiko Ogata, Yoshihiko Kunisato,
Shunsuke Koseki, Nanako Nakamura, Miki Matsunaga. Printed in Japan
落丁・乱丁本はお取替えいたします。
★定価はカバーに表示してあります。
ISBN 978-4-641-15040-9

JCOPY　本書の無断複写（コピー）は、著作権法上での例外を除き、禁じられています。複写される場合は、そのつど事前に（一社）出版者著作権管理機構（電話03-5244-5088、FAX03-5244-5089、e-mail:info@jcopy.or.jp）の許諾を得てください。